Spencer Johnson

DIE ENTSCHEIDENDE MINUTE IM UMGANG MIT IHREM KIND

Spencer Johnson

DIE ENTSCHEIDENDE MINUTE IM UMGANG MIT IHREM KIND

Dieser Ratgeber verbessert jeden Augenblick,
den Sie mit Ihrem Kind verbringen.

mvg verlag

CIP-Titelaufnahme der Deutschen Bibliothek

Johnson, Spencer:
Die entscheidende Minute im Umgang mit Ihrem Kind: dieser Ratgeber verbessert jeden Augenblick, den Sie mit Ihrem Kind verbringen/Spencer Johnson. [Aus d. Amerikan. übertr. von Ilse Rader]. – München; Landsberg am Lech: mvg-Verl., 1989
(mvg-Sachbücher)
Orig.-Ausg. gesondert u.d.T.: Johnson, Spencer: The One Minute Mother u.: Johnson, Spencer: The One Minute Father
ISBN 3-478-07430-4

Titel der Originalausgaben: »The One Minute Father« & »The One Minute Mother«

Aus dem Amerikanischen übertragen von Ilse Rader.

Umschlaggestaltung: Gruber & König, Augsburg
Satz: mi-service, Landsberg
Druck- und Bindearbeiten: Ebner, Ulm
Printed in Germany 070430 / 589402
ISBN 3-478-07430-4

Das Symbol

Dieses Symbol – die Minuten-Anzeige einer Digitaluhr – soll daran erinnern, daß wir uns für unsere Kinder mehrmals täglich ganz bewußt Zeit nehmen.

Brief an die Eltern

Sie wissen sicher aus eigener Erfahrung, daß mehr dazu gehört als die Zeit einer Minute, um ein guter Vater oder eine gute Mutter zu sein. Und doch gibt es eine einfache Methode, wie Sie Ihrem Kind auf dem Weg zum Erwachsenwerden jeweils im entscheidenden Augenblick die richtige Hilfe geben, so daß es lernt, sich selbst zu akzeptieren und selbstbestimmt zu handeln.

Die »Methode« im Umgang mit Ihrem Kind ist so einfach, daß es Ihnen schwerfallen mag, an ihre Wirksamkeit zu glauben. Warten Sie aber mit Ihrem Urteil, bis Sie eigene Erfahrungen gesammelt haben – wie viele andere (erfolgreiche!) Eltern vor Ihnen.

Beobachten Sie, ob sich das Verhalten Ihres Kindes positiv verändert. Fragen Sie Ihr Kind, wie es sich fühlt.

Ich bin davon überzeugt, Sie werden dasselbe feststellen wie ich und die vielen anderen praktisch denkenden Eltern auch: Die Methode funktioniert, sowohl für die Kinder als auch für Sie.

Dr. med. Spencer Johnson

Inhalt

Teil 1
Der 1Minuten-Vater

Teil 2
Die 1Minuten-Mutter

TEIL 1

DER 1MINUTEN-VATER

Gewidmet

Dr. Gerald Nelson
Dr. Kenneth Blanchard
und meinen Söhnen
Emerson und Cameron Johnson

Die Suche nach einer Lösung

Eines Tages erkannte ein sehr erfolgreicher Mann, daß er ratlos war und schon seit längerer Zeit nicht mehr weiterwußte. Er suchte nach der Lösung eines Problems, dessen er sich bisher keineswegs bewußt gewesen war.

Schon bald nach dem plötzlichen Tod seiner Frau hatte es begonnen. Er war allein mit seinen fünf Kindern.

Seine Frau und er hatten sich immer bemüht, die Kinder so gut wie möglich zu erziehen, nach dem Vorbild ihrer eigenen Eltern, mit Liebe und Disziplin.

Nun erst stellte der Mann fest, wie schwierig die tagtäglichen Erziehungsaufgaben zu bewältigen waren und in welch hohem Maß seine Frau diese Verantwortung übernommen hatte. Allmählich konnte er verstehen, was sie ihm immer wieder klarzumachen versucht hatte.

Da er nun mehr Zeit mit seinen Kindern verbrachte, fiel ihm auf, wie unbeteiligt und unaufmerksam er früher gewesen war. Er erinnerte sich, daß seine Frau oft geklagt hatte, wie frustriert sie war, weil sie mit den Kindern nicht mehr fertig wurde. Nie hatte er dieses Problem wahrhaben wollen.

Der Mann sah jetzt, welche Anstrengung die Arbeit seiner Frau erforderte. Er erkannte, daß vieles besser gelaufen wäre, hätte er sie bei der Erziehung mehr unterstützt.

Er achtete auf einmal darauf, wie sich die Kinder ohne Mutters Deckmantel verhielten, ohne deren immer besänftigende und beschützende Vermittlung, und er fragte sich, wie oft sie wohl versucht hatte, ihn von den Unartigkeiten und dem schlechten Benehmen seiner Kinder abzuschirmen. Oder hatte sie vielleicht die Kinder vor ihm schützen wollen?

Je aufmerksamer er seine Kinder beobachtete, desto deutlicher erkannte er, wie ungezogen sie waren, wie undankbar gegenüber allem, was die Eltern für sie getan hatten. Aber was spiegelte sich in ihren Gesichtern wider – waren es Unsicherheit und Verwirrung?

Der Vater wußte wohl, daß er seine Familie erst viel später gegründet hatte als die meisten anderen Männer. Er hatte einfach keine Zeit dafür gehabt. Hatte er aber deswegen die Beziehung zur jüngeren Generation vollkommen verloren?

Sind denn alle Kinder so? Wann und wie waren seine Kinder auf diese Bahn geraten?

Im Laufe der Zeit mußte sich der Vater schließlich eingestehen, daß in seiner Familie ein ernstes Problem entstanden war – eines von jenen Problemen, über die er bisher nur gelesen hatte, die anscheinend nur in anderen Familien vorkommen.

Zum ersten Mal in seinem Leben fühlte er sich von Fernsehberichten und Zeitungsmeldungen betroffen. Er hatte sich nie mit schwierigen Erziehungsproblemen, die seiner Meinung nach ohnehin nur in anderen Familien auftraten, auseinandergesetzt - mit wachsendem Drogenkonsum unter Jugendlichen, Vandalismus, unehelichen Geburten, Kriminalität, Gewalttaten und Selbstmord. Nun war er plötzlich sehr besorgt.

Er versuchte, diese Gedanken zu verdrängen. Aber als er merkte, daß seine eigenen Kinder immer häufiger nicht pünktlich nach Hause kamen und immer länger wegblieben, war er doch beunruhigt. Die Zeitungen hatten schon oft von der großen Zahl jugendlicher Ausreißer berichtet.

Er machte sich bewußt, daß die unpersönlichen Statistiken und Berichte in den Medien nur ein oberflächliches Bild der Angst und der Sorgen vieler Familien abgaben.

Der Mann liebte seine Kinder. Er beschloß, etwas zu tun.

Aber was? Womit sollte er anfangen?

Er betrachtete seine Familie jetzt mit anderen Augen. Schließlich glaubte er, eine Antwort gefunden zu haben.

»Ich habe meine Kinder für ihr Verhalten nicht zur Verantwortung gezogen«, dachte er. »Sie kommen meist ungestraft davon. Das ist weder für sie noch für mich gut.

Mehr Disziplin würde meinen Kindern guttun!« entschied er. Es stimmte wirklich. Seine Kinder brauchten tatsächlich mehr Disziplin. Deshalb tat er, was er für richtig hielt: Er bestrafte sie häufiger.

Anfangs wandte er die Methoden an, die er von seinen Eltern her kannte. Wann immer seine Kinder ungezogen waren, gab er ihnen Hausarrest, verwies sie in ihre Zimmer, verbot ihnen das Fernsehen, oder er verprügelte sie.

Doch damit erreichte er nicht, was er wollte. Deshalb war er mit ihnen schließlich noch strenger und bestrafte sie noch häufiger. Dies war zwar sehr anstrengend für ihn, aber das Betragen der Kinder besserte sich – zumindest vorübergehend.

Ihre Einstellung aber blieb die gleiche. Nach außen wirkten sie gehorsamer, doch innerlich wuchs ihr Widerstand.

Der Mann spürte, daß die häusliche Atmosphäre immer angespannter wurde. Es war frustrierend. Die Situation schien sich zu verschlimmern, je mehr er die Kinder bestrafte.

Er war ratlos. In anderen Lebensbereichen war er

bereits einige Male in scheinbar ausweglosen Situationen gesteckt und hatte schließlich doch Lösungen gefunden. Also tat er das, was sich schon früher bewährt hatte: Er ging zum Spezialisten.

Der 1Minuten-Tadel

Während der Arzt ihm eine Tasse Kaffee einschenkte, stellte sich der Vater vor und erläuterte sein Problem: »Ich begreife nicht, warum ich meine Familie nicht genauso gut im Griff haben kann wie mein berufliches Leben.«

Der Arzt antwortete: »Ich verstehe gut, wie Sie sich fühlen. – Aber warum meinen Sie eigentlich, Sie müßten Ihre Familie ›im Griff‹ haben?«

Der Mann wurde nachdenklich. Er war immer davon ausgegangen, es sei einfach seine Aufgabe als Vater, die Familie zu führen. Doch während er dem Arzt zuhörte, begann er allmählich zu verstehen.

»Was glauben Sie, wäre für Sie leichter«, fragte der Arzt, »das Leben Ihrer Kinder ständig zu überwachen oder sie zu lehren, ihr eigenes Leben selbständig und erfolgreich zu führen?«

»Nun, wenn Sie mich so fragen – natürlich wünsche ich mir, sie wären in der Lage, selbst zu entscheiden, was für sie richtig ist. Ich möchte, daß meine Kinder glücklich sind und einmal so werden, wie sie gerne sein möchten.«

»Was ist denn zur Zeit Ihr größtes Problem?« fragte der Arzt weiter.

»Disziplin!« antwortete der Vater. »Ich schaffe es nicht einmal, daß sie sich mir zuliebe vernünftig benehmen.«

»Sie sollen sich Ihnen zuliebe gut benehmen?« fragte der Arzt.

»Jaja, ich weiß schon«, wehrte der Mann mit erhobenen Händen ab, »sie sollen es natürlich zu ihrem eigenen Wohl lernen.«

Der Arzt lachte, ihm gefiel dieser Mann. »Ich bin

selbst Vater«, sagte er, »und ich muß mit den gleichen Problemen fertig werden. Ich hatte allerdings das Glück, eine Erziehungsmethode zu entdecken, die nur sehr wenig Zeit beansprucht und trotzdem für die Familie Wunder wirkt.«

Der Mann sah ihn erwartungsvoll und zugleich beschämt an.

»Ich muß leider zugeben, daß ich mir bis jetzt sehr wenig Zeit für meine Kinder genommen habe«, gestand er. »Momentan mache ich mir eigentlich weniger Sorgen darum, wieviel Zeit ich für ihre Erziehung aufwenden muß, sondern mir kommt es darauf an, eine Lösung zu finden, die uns allen weiterhilft. Ich möchte, daß sich das Zusammenleben in meiner Familie bessert.«

»Sie möchten das Beste für Ihre Kinder. Das ist bewundernswert. Aber würde es Sie stören, wenn Sie schon in ganz kurzer Zeit sehr gute Ergebnisse erzielen könnten?«

Der Mann lachte und sagte: »Das wäre natürlich fantastisch! Wann darf ich Ihre Methode kennenlernen?«

»Sie können diese Erziehungsmethode zwar sehr schnell erlernen, aber es wird ein paar Wochen dauern, bis Sie sie wirklich beherrschen. Anfangs wird es für Sie sehr ungewohnt sein.«

»Wahrscheinlich wird es eine ähnliche Erfahrung wie damals, als ich intensiv die Schlagtechnik beim Golfspielen trainierte«, meinte der Mann. »Der Bewegungsablauf kam mir so fremd und unnatürlich vor! Aber nach einiger Zeit gewöhnte ich mich daran und war dann sehr froh, wirklich etwas gelernt zu haben und besser spielen zu können.«

»Mit einer solchen Einstellung und der Bereitschaft, Ihren Erziehungsstil zu ändern, kann ich Ihnen helfen. Sie werden lernen, Ihre Kinder so zu disziplinieren, daß sie von sich aus gutes Benehmen zeigen wollen. Und das Beste daran ist, daß Sie und Ihre Kinder sich gegenseitig viel mehr respektieren und mehr Freude miteinander haben werden.«

»Das klingt ja großartig! Wie fangen wir an?«

»Fragen wir uns doch ganz einfach, was ›Disziplin‹ eigentlich bedeutet. Das Wort Disziplin kommt vom lateinischen Wort *disciplina* und heißt soviel wie ›Ordnung‹, ›Lehre‹. Unsere Aufgabe als Vater ist es, unseren Kindern die Vorteile der *Selbst*disziplin zu vermitteln.«

»Das hört sich so an«, bemerkte der Vater, »als wenn die Art der Disziplinierung, von der Sie sprechen, mich mehr zu einem Lehrer als zum strafenden Erzieher macht. Wie kann ich das erreichen?«

»Die Methode, die ich auch selbst anwende, ist verblüffend einfach und sehr leicht zu lernen. Und sie beansprucht nur etwa eine Minute Zeit. Daher nenne ich sie ›1Minuten-Tadel‹.«

»Wie?« fragte der Mann erstaunt. Er war immer davon ausgegangen, daß gute Erziehungsmethoden sehr kompliziert sein müßten. »Bei allem Respekt, Herr Doktor, aber was Sie sagen, klingt so einfach, daß ich fürchte, bei meinen Kindern wird Ihre Methode nichts ausrichten.«

»Ich verstehe Ihre Zweifel sehr gut. Aufgrund meiner wissenschaftlichen Ausbildung bin ich auch immer geneigt, alle sehr einfach wirkenden Dinge in Frage zu stellen. Dennoch kann ich Ihnen versichern, daß Sie bei richtiger Anwendung dieser Methode Ihre Ziele erreichen werden.«

Der Mann beschloß, seine Zweifel für einen Moment außer acht zu lassen und dem Doktor zuzuhören. Vielleicht war dies wirklich die Lösung für seine Erziehungsprobleme!

»Was muß ich zuerst tun?« fragte der Mann.

»Sie sollten sich zunächst einmal klarmachen, was Sie mit einem Tadel erreichen wollen«, meinte der Arzt. »Doch bevor Sie irgend etwas tun, überdenken Sie den folgenden Satz:

*

Wenn ich meine Kinder tadle,
möchte ich,
daß sie ihr Verhalten in Zukunft ändern.
Ich möchte nicht ihr Selbstwertgefühl
verletzen.

*

Der Mann dachte einen Moment lang nach. »Interessant«, sagte er. »Ich habe mir niemals darüber Gedanken gemacht, wie Kinder ihr eigenes Verhalten einschätzen und was für ein Selbstbild sie haben. Ich dachte eigentlich immer, daß beides dasselbe ist.«

»Ich bin froh, daß Sie dies gesagt haben. Das ist der Grund, warum Tadel meist keine positive Wirkung hat. Kinder sind genauso wie wir Erwachsenen. Wenn jemand unser Verhalten kritisiert und uns dabei persönlich angreift, werden wir defensiv. Und was tun wir dann?«

»Wir verteidigen unser Verhalten«, sagte der Vater.

»So ist es«, antwortete der Arzt, »wir rechtfertigen uns auch dann, wenn wir wissen, daß wir einen Fehler gemacht haben.«

»Genau das passiert mit meinen Kindern«, gestand der Vater. »Doch ich bin bereit, es besser zu machen. Wie fange ich es an?«

Der Arzt erklärte: »Reden Sie mit jedem Kind einzeln, ohne Zuhörer. Auch wenn Sie sehr wütend über das Verhalten des Kindes sind, ist es wichtig, daß Sie sich Ihrer wahren Gefühle bewußt sind. Wenn Sie Ihre Kinder lieben, dann fühlen Sie zwei Dinge: Wut und Liebe. Sprechen Sie über *beide* Gefühle! Bevor Sie Ihr Kind tadeln, denken Sie immer daran: Das Kind hat sich nicht richtig verhalten, aber das Kind selbst ist gut.

Sehen Sie Ihrem Kind in die Augen und sagen Sie ihm ganz deutlich, was es *getan* hat. Beschreiben Sie den Tatbestand so genau wie möglich. Es dauert nur ein paar Sekunden. Sie könnten beispielsweise sagen:
›Du bist sehr spät nach Hause gekommen! Du hast mir nicht gesagt, wohin du gegangen bist! Das war bereits das zweite Mal in dieser Woche!‹

Als nächstes sagen Sie Ihrem Kind mit aller Deutlichkeit, wie Sie sich fühlen. Zum Beispiel:

›*Ich bin wütend. Ich bin sehr wütend!*‹

Wenn Sie wütend sind, dann drücken Sie Ihre Wut auch entsprechend aus. Wenn Sie ärgerlich sind, dann zeigen Sie Ihren Ärger:

›*Ich bin ärgerlich! Ich bin sehr verärgert.*‹

Sind Sie enttäuscht, so zeigen Sie Ihre Enttäuschung. Kurz gesagt, drücken Sie Ihre Gefühle aus, zeigen Sie ganz ehrlich, was Sie empfinden.

Das Wichtigste in der ersten Hälfte des 1Minuten-Tadels ist, daß Sie versuchen, dem Kind Ihre Gefühle zu vermitteln. Es soll nachempfinden, was in Ihnen vorgeht.

Allein durch die Tatsache, daß es getadelt wird, weiß Ihr Kind zwar schon, daß Sie verärgert sind. Aber entscheidend ist, daß das Kind Ihre Verärgerung auch *fühlt.*

Es wird Ihren Kindern nicht weh tun, wenn Sie auf diese Weise mit ihnen sprechen, sondern es hilft ihnen, daraus zu lernen.

Denken Sie daran, daß Sie Ihren Ärger nicht an den Kindern abreagieren dürfen«, warnte der Doktor.

»Übertreiben Sie Ihren Gefühlsausbruch nicht. Man braucht gar nicht viel Zeit, um einem anderen Menschen zu zeigen, wie man sich fühlt. Eine halbe Minute reicht dafür schon aus.

Dann machen Sie eine Pause ... Sie möchten erreichen, daß das Kind Ihre Gefühle nachempfindet. Lassen Sie also die bedrückende Stimmung einen Moment lang wirken. Diese wenigen Sekunden werden Sie und das Kind als sehr unangenehm empfinden.

Niemand wird gern kritisiert. Auch ein Kind fühlt sich verletzt und entwickelt Abwehrgefühle. Aber genau das wollen Sie ja zunächst erreichen. Der Tadel soll schmerzhaft sein.«

Nachdem der Vater eine Weile über diese Worte nachgedacht hatte, sagte er zögernd: »Ich muß zugeben, die erste Hälfte des 1Minuten-Tadels ist sehr kurz, und obwohl ich nicht selbst getadelt wurde, fühlte ich mich sehr unbehaglich, als Sie Ihre Wut deutlich zum Ausdruck brachten.«

»Glauben Sie mir«, sagte der Arzt, »wenn der Tadel auch nur von kurzer Dauer ist, die Wirkung ist trotzdem sehr intensiv.«

Der Vater nickte und überlegte.

Dann fragte er: »Wie schaffe ich es denn nun, daß meine Kinder sich nicht beleidigt oder verletzt fühlen und in eine Abwehrhaltung geraten, die wiederum negative Gefühle erzeugt?«

»Indem Sie die zweite Hälfte des 1Minuten-Tadels anwenden«, sagte der Doktor. »Das ist der Schlüssel zum Erfolg.

Positive Ergebnisse stellen sich erst ein, wenn Sie zum zweiten Teil übergehen, andernfalls ist Ihr Tadel völlig wirkungslos. Probieren Sie es einfach: Ihre Kinder werden von sich aus ihr Benehmen wesentlich verbessern.

Ich möchte Sie allerdings darauf hinweisen«, meinte der Arzt, »daß diese Methode zwar einfach zu erlernen ist, die Anwendung jedoch anfangs ziemlich schwerfällt, weil Sie Ihre Gewohnheiten ändern müssen.«

»Ich verstehe«, sagte der Vater. »Aber mir ist es sehr wichtig, eine bessere Erziehungsmethode zu finden. Was muß ich als nächstes tun?«

»In den ersten dreißig Sekunden haben Sie dem Kind Ihre negativen Gefühle gezeigt. Sie haben gezeigt, daß

Sie das *Verhalten* des Kindes verärgert, wütend, enttäuscht oder traurig gemacht hat!

Nach diesem Gefühlsausbruch atmen Sie jetzt tief durch; werden Sie ruhig. Dann schauen Sie Ihrem Kind in die Augen und *berühren* es liebevoll, um ihm zu zeigen, daß Sie auf seiner Seite sind.

In den folgenden 30 Sekunden vermitteln Sie Ihrem Kind dann die andere Hälfte Ihrer Gefühle. Gerade während eines Tadels ist es für das Kind sehr wichtig zu wissen, daß es von Ihnen geliebt und akzeptiert wird.

Die zweite Hälfte des Tadels fällt manchmal besonders schwer. Aber gerade auf diesen Teil kommt es an. Versuchen Sie, sich auch dabei kurz zu fassen, und seien Sie ehrlich.

Sie könnten beispielsweise sagen: ›Dein Benehmen heute abend war unmöglich. Ich bin so wütend darüber. Du *bist* aber gar nicht so, wie du dich heute *verhalten* hast. Du bist besser. Ich weiß, daß du ein gutes Kind bist. Ich habe dich sehr lieb!‹

Nehmen Sie Ihr Kind dann kurz in den Arm, damit es weiß, daß der Tadel zu Ende ist. Die Angelegenheit ist damit abgeschlossen. Sie müssen dann wirklich konsequent sein und dürfen die Sache nicht mehr erwähnen.«

Der Vater dachte über das soeben Gehörte nach. Es war für ihn unvorstellbar, daß eine derart einfache Methode so gute Ergebnisse erzielen könnte. »Es ist tatsächlich kaum zu glauben«, meinte er.

»Ich weiß«, räumte der Arzt ein. »Aber die Wirkung dieser Methode wird Sie überzeugen. Je häufiger Sie sie anwenden, egal welchen Widerstand die Kinder Ihnen bieten, desto schneller werden Sie und die Kinder Ihre Ziele erreichen. Den Erfolg dieser Methode haben mir schon viele Familien bestätigt.

Da wir gerade von Familie sprechen«, meinte der Arzt, »ich habe noch etwas sehr Wichtiges gelernt.«

»Was denn?« fragte der Vater.

»Als ich diese Methode entwickelte, hielt ich sie für ein hervorragendes Mittel zur Erziehung unserer Kinder. Anfangs ist das auch tatsächlich der Fall.«

»Und später?« fragte der Vater.

»Nach einiger Zeit stellte ich fest, daß sie nicht nur zur Kindererziehung gut geeignet ist, sondern im Grunde Kommunikation reinster Form ist.

Dadurch ergeben sich weitere Anwendungsmöglichkeiten. Diese Technik wird mehr als nur ein Weg für Sie, um mit Ihren Kindern zu kommunizieren.«

»Meinen Sie«, unterbrach der Mann, »meine Kinder sollten auch mit mir auf diese Weise reden?«

»So ist es. In Ihren Kindern haben sich bestimmt auch Gefühle und Frustrationen aufgestaut.«

»Wollen Sie damit sagen«, fragte der Mann, »daß ich sie ermutigen sollte, mit mir genauso ehrlich und offen zu reden?«

»Ja, sobald Sie dazu bereit sind«, antwortete der Arzt. »Probieren Sie den 1Minuten-Tadel eine Zeitlang aus, und achten Sie darauf, wie schnell dadurch die Stimmung in der Familie bereinigt wird. Wenn Sie meinen, genug Erfahrung und Zuversicht zu haben, schlagen Sie Ihren Kindern einfach vor, daß sie mit Ihnen genauso direkt umgehen.

Andere Familien, die diese Methode schon längere Zeit kennen und anwenden, haben festgestellt, daß die Ergebnisse noch besser sind, wenn sich Eltern und Kinder gleichberechtigt und offen untereinander verständigen.

Wenn Ihre Kinder sehen, wie Sie Ihre Gefühle ausdrücken, ohne dabei eine andere Person anzugreifen, fällt es ihnen leichter, ihre eigenen Emotionen mitzuteilen, ohne dabei rücksichtslos oder verletzend zu sein.«

»Also gut, ich werde es versuchen!« sagte der Vater.

Dann schrieb er eine Zusammenfassung der soeben gelernten Methode auf.

®:01 Der 1Minuten-Tadel Zusammenfassung

Der 1Minuten-Tadel zeigt Wirkung, wenn ich folgendermaßen vorgehe:

1. Ich sage meinen Kindern von vornherein, daß ich sie tadeln werde, wenn ich ihr Verhalten nicht akzeptieren kann. Und ich ermutige sie, mit mir genauso offen und ehrlich zu sein.

Die erste Hälfte des Tadels

2. Ich tadle mein Kind möglichst bald nach seinem Fehlverhalten.
3. Ich sage ihm *genau*, was es getan hat.
4. Ich zeige meinem Kind sehr deutlich, welche Gefühle sein Verhalten in mir hervorgerufen hat.
5. Ich bin still – mache eine sehr unangenehme Pause von wenigen Sekunden –, damit das Kind auch wirklich *nachempfinden* kann, wie ich mich fühle.

Die zweite Hälfte des Tadels

6. Ich werde ruhig, *berühre* mein Kind sanft und zeige ihm, daß ich auf seiner Seite bin.
7. Ich erkläre meinem Kind, daß sein Verhalten nicht in Ordnung war, trotzdem aber bin ich davon überzeugt, daß es ein *gutes Kind* ist.
8. Ich sage meinem Kind: »Ich hab' dich lieb!« und nehme es in den Arm. Wenn der Tadel zu Ende ist, ist er vorbei – ein für allemal. Ich spreche danach nicht mehr darüber.
9. Im Laufe des Tages habe ich ein offenes Ohr für alles, was meinem Kind auf dem Herzen liegt.

10. Ich mache mir klar, daß es nur eine Minute kostet, mein Kind liebevoll zu tadeln, während ihm die positive Wirkung des Tadels eine Hilfe für sein ganzes weiteres Leben sein kann.

* * *

Der Mann stand auf, dankte dem Arzt und verabschiedete sich. Er könne ihn jederzeit anrufen, wenn er Fragen zum 1Minuten-Tadel habe. Damit müsse er rechnen, wenn er die neue Methode zu Hause erst einmal praktiziert habe, meinte der Arzt.

Auf dem Weg zum Auto dachte sich der Mann: »Es klingt zwar alles sehr einfach, doch es bedeutet auch, daß ich mein eigenes Verhalten ändern muß. Das wird nicht so leicht sein!

Ich frage mich, ob ich meinen Kindern wirklich sagen kann, wie ich mich fühle. Bisher fand ich das immer sehr schwierig.

Vielleicht schaffe ich es gar nicht, ruhig zu werden, nachdem ich sie heftig gescholten habe. Hoffentlich vergesse ich nicht, ihnen zu sagen, daß sie gute Kinder sind und ich sie liebhabe!« Er selbst hätte als Kind gern solche Worte von seinem Vater gehört.

Er fühlte sich unbehaglich, während er darüber nachdachte, daß er seine Kinder auf eine ganz ungewohnte Weise zu mehr Disziplin erziehen wollte. Dann kam er jedoch zu dem Schluß, eine Verbesserung der familiären Atmosphäre sei es wert, sich anfangs etwas unwohl zu fühlen. Er wollte jedenfalls versuchen, die alten Gewohnheiten zu ändern.

Als er zu seinem Auto zurückkehrte, überlegte er, welchen »Aufhänger« er benutzen könnte, um sich selbst immer wieder zur Anwendung der neuen Erziehungsmethode zu motivieren. – Er machte sich eine wichtige Notiz. Es war nur ein einziger, positiv formulierter Satz.

Noch war ihm nicht bewußt, daß ihm diese erste Lektion später einmal helfen würde, ein umfassendes Erziehungskonzept zu entwickeln. Er las sich den Satz mehrere Male laut vor:

*

Kinder,
die sich selbst mögen,
haben auch den Wunsch,
sich gut zu verhalten.

*

Der 1Minuten-Tadel in der Praxis

Nachdem der Vater zu Hause angekommen war, versammelte er seine fünf Kinder um sich. Er wußte, daß diese Zusammenkunft nicht besonders erfreulich sein würde, doch er erhoffte sich davon langfristige Verbesserungen für die ganze Familie.

»Ich möchte gern ein besserer Vater sein«, begann er. »Und offen gesagt hätte ich auch nichts dagegen einzuwenden, wenn ihr Kinder versuchen würdet, euch ebenfalls etwas besser zu benehmen.

Ich habe sehr schwer daran gearbeitet, in meinem Beruf erfolgreich zu sein«, sagte er. »Leider habe ich dabei einen sehr wichtigen Bereich meines Lebens vernachlässigt – euch nämlich!«

Dann erzählte er seinen Kindern vom 1Minuten-Tadel und beantwortete offen und ehrlich ihre Fragen dazu.

Er hätte sich als Kind gewünscht, auf diese Weise getadelt zu werden, aber seine Eltern hätten ihn nie nach seinen Vorstellungen gefragt, sagte der Vater.

Er schlug seinen Kindern vor, selbst zu entscheiden, ob er sie in Zukunft genauso wie bisher bestrafen sollte, oder ob sie den 1Minuten-Tadel vorzögen.

Er wußte aus dem Berufsleben, daß sich Menschen stärker für eine Sache engagieren, wenn sie an den betreffenden Entscheidungen beteiligt sind. Den Kindern aber schien keine der beiden Möglichkeiten zu gefallen. Sie sagten gar nichts.

»Mit dem 1Minuten-Tadel tue ich doch etwas *für* meine Kinder, nicht *gegen* sie«, dachte der Vater und erklärte: »Ihr könnt euch meinen Vorschlag wie eine Wette vorstellen, bei der ihr nur gewinnen könnt.

Wenn diese Methode uns hilft, eine glücklichere Familie zu sein, gewinnen wir. Wenn ihr euch dagegen entscheidet, bleibt alles beim alten. Wir können also nichts verlieren.«

Der älteste Sohn, der zu einem aufsässigen Teenager herangewachsen war, sagte: »Was soll's? Es macht doch sowieso keinen Unterschied.«

Der Vater antwortete: »Na gut. Wenn du es so willst, werde ich dich also weiterhin so bestrafen wie bisher.« Dann wandte er sich an die anderen Kinder und fragte: »Und wie steht ihr dazu?«

Die Geschwister waren die Launen ihres älteren Bruders leid. »Ich finde den Vorschlag ganz gut«, sagte eines der Mädchen. »Ich auch«, meinte die älteste Tochter. Der neunjährige Junge fragte leise: »Kann ich noch abwarten und sehen, wie es läuft?«

Der Vater lachte und meinte scherzhaft: »Wie du willst, dann bekommst du eben weiter deine Prügel.«

»Ach so ist das«, erwiderte der Junge. »Dann ziehe ich doch die neue Methode vor.«

Anschließend tat der Vater etwas sehr Kluges. Er gestand den Kindern: »Ehrlich gesagt weiß ich noch gar nicht so genau, ob ich den 1Minuten-Tadel richtig anwenden kann – ob ich meine Sache gut machen werde. Mein Vater war mir in dieser Beziehung kein Vorbild. Ich bin nicht ganz sicher, ob ich meine eingefahrenen Verhaltensweisen ändern kann!«

Der älteste Junge warf ein: »Du könntest es doch wenigstens *versuchen!*«

Der Mann wußte nicht, wie er diese Bemerkung seines Sohnes einordnen sollte. War sie frech oder positiv gemeint? Er fand es beinahe ironisch, daß gerade der Älteste, der gesagt hatte, es sei ohnehin alles egal, ihn aufforderte, die neue Methode auszuprobieren.

Den Kindern gefiel es, daß der Vater ihnen sagte, was

er vorhatte – ihnen die Entscheidung überließ –, und zugab, daß auch er manchmal Fehler machen werde.

In den folgenden Wochen machte der Vater bei den vier jüngeren Kindern vom 1Minuten-Tadel Gebrauch. – Mit allen Mitteln versuchten die Kinder, die neue Methode abzuwehren. Jedes Kind probierte auf seine Weise, den Vater an der Durchsetzung dieser unangenehmen Methode zu hindern:

Während des Tadels wichen die Kinder seinem Blick aus. Sie starrten scheinbar gelangweilt aus dem Fenster oder konzentrierten sich auf einen Punkt an der Zimmerdecke. Manchmal lachten sie sogar, um ihr Fehlverhalten herunterzuspielen.

Die dreijährige Tochter hielt sich mit ihren kleinen Händchen die Ohren zu und preßte die Lippen zusammen, als wollte sie sich vor allen äußeren Einflüssen verschließen.

Der jüngste Sohn versuchte seinen Vater abzulenken, indem er so tat, als stoppte er mit der Armbanduhr die Zeit, um seinen Vater zu kontrollieren. Er wußte ja, daß der Tadel nur eine Minute dauern sollte.

Manchmal liefen die Kinder sogar aus dem Zimmer, um ihrem Vater nicht mehr zuhören zu müssen.

Aber der Vater blieb hartnäckig. Was sie auch anstellten, um dem Tadel zu entgehen – der Vater gab nicht auf. Er zeigte ihnen mit aller Deutlichkeit, was er von ihrem Verhalten hielt.

Es dauerte nicht sehr lange, bis die Kinder selbst die Gefühle nachempfanden, die der Vater als Reaktion auf ihr Fehlverhalten zum Ausdruck brachte – seine Wut, Frustration, Traurigkeit oder was auch immer. Sie merkten, daß er ihr Verhalten nicht akzeptierte. Der Tadel war für sie sehr unangenehm.

Am schmerzhaftesten war stets der Moment, wenn er sich beruhigte, sie liebevoll umarmte und sie daran erinnerte, daß sie eigentlich doch viel besser seien als ihr Verhalten.

Er sagte ihnen, wie sehr er sie liebte, und obwohl die Kinder das gern hörten, ließen sie sich nichts anmerken – zumindest nicht in der ersten Zeit.

Sie widersprachen ihm anfangs und versuchten, ihn während des Tadels zu unterbrechen. Sie wollten ihr Verhalten erklären oder verteidigen, auch wenn sie wußten, daß sie im Unrecht waren und den Tadel eigentlich verdient hatten.

Jedesmal, wenn sie dazwischenredeten, fuhr sie der ohnehin schon sehr verärgerte Vater laut an: »Dies ist keine Diskussion! Jetzt rede ich! Wenn ich unterbrochen werde, dauert das Ganze nur noch länger.«

Die Kinder lernten schnell, daß sie ihn durch nichts davon abbringen konnten, ihnen seine Reaktion auf ihr schlechtes Benehmen klar und deutlich zu zeigen.

Später erst ermutigte er seine Kinder, im Laufe des Tages zu ihm zurückzukommen, um ihm alles zu sagen, was ihnen auf dem Herzen lag. Und dies war von entscheidender Bedeutung für das ganze Familienleben.

Meist dachten die Kinder in der Zwischenzeit über die Kritik des Vaters an ihrem Verhalten nach. Dabei stellten sie fest, daß er fair gewesen war, so daß kein Grund für weitere Diskussionen bestand.

Wenn die Kinder später doch noch einmal zu ihm kamen, hörte der Vater ihnen sehr konzentriert und ernsthaft zu. Er wollte damit erreichen, daß seine Kinder genauso intensiv zuhörten, wenn er ihnen etwas zu sagen hatte.

Der Vater hielt sich an die Regel:

*

Kinder
lernen das Zuhören
am besten,
wenn man sie ernst nimmt und
ihnen gleichermaßen zuhört.

*

Nach wenigen Wochen stellte der Vater eine deutliche Besserung im Verhalten fast aller Kinder fest. Dieser Erfolg stellte sich nicht plötzlich ein und war auch nicht ohne Schmerzen und mühelos erzielt worden.

Obwohl der Arzt gesagt hatte, daß der 1Minuten-Tadel sehr wirksam sei, war der Vater von den positiven Veränderungen überaus beeindruckt.

Aus lauter Neugier fragte er seinen jüngsten Sohn eines Tages, was er vom 1Minuten-Tadel hielt.

»Ich mag es überhaupt nicht, von dir getadelt zu werden«, sagte der Junge. »Es ist zu unangenehm und dauert zu lange.«

Als der überraschte Vater dies hörte, fragte er: »Aber es tut doch nicht so weh wie Hiebe, oder?«

»Es ist viel schlimmer, Papa. Ich kann es nicht ausstehen, weil ich mir danach so schlecht vorkomme. Dieses Gefühl hält viel länger an als der Schmerz nach einer Tracht Prügel. Außerdem denke ich dann immerzu darüber nach, daß du mich trotzdem für einen guten Menschen hältst.«

Der Vater wußte nun, daß er die Lösung für sein Problem gefunden hatte.

Bald erkannte er weitere positive Veränderungen als Ergebnis des 1Minuten-Tadels: Seine Beziehung zu den Kindern hatte sich verbessert; es war deutlich sichtbar, und er spürte es auch.

Nach einem Tadel bereuten die Kinder, daß sie sich schlecht benommen hatten. Ihr gutes Selbstgefühl blieb davon aber unversehrt. Für den Vater war besonders erfreulich, daß die Beziehung der Kinder zu ihm enger wurde.

Die Kinder lernten drei Dinge: Ihre Ungezogenheiten wurden nicht hingenommen oder ignoriert; sie waren gute Menschen, und sie wurden geliebt.

Der Vater hatte seine Kinder natürlich immer lieb gehabt. Aber nachdem er mit dem 1Minuten-Tadel begonnen hatte, erlebten er und seine Kinder ein viel glücklicheres und befriedigenderes Familienleben.

Er überlegte, was wohl die eigentliche Ursache für diese Veränderungen war und kam zu folgendem Schluß:

*

Es ist ein großer Unterschied,
ob man nur geliebt wird,
oder ob man auch weiß,
daß man geliebt wird.

*

Die Kinder hatten zunehmend das Gefühl, wirklich geliebt zu werden, weil der Vater ihnen seine Liebe jetzt konkret zeigte.

Erwartungsgemäß fiel es ihm anfangs sehr schwer, gegenüber seinen Kindern Ärger und Liebe unmittelbar nacheinander und unmißverständlich auszudrükken. Manchmal vergaß er, seinen Kindern zu sagen, daß er sie liebte und für gute Menschen hielt.

Diese Schwierigkeiten des 1Minuten-Tadels aber meisterte er schließlich ganz natürlich – indem er die Methode einfach anwandte:

Er sagte den Kindern ehrlich und direkt, welche Gefühle ihre Verhaltensweisen in ihm auslösten, und dann erklärte er ihnen sehr gefaßt und ruhig, daß er sie liebhatte, obwohl sie unartig gewesen waren.

Nachdem er im Umgang mit seinen Kindern zuversichtlicher geworden war, ermutigte er sie, ihm *ihre* Gefühle genauso offen zu zeigen.

Sie kamen schließlich eins nach dem anderen zu ihm und schütteten ihm ihr Herz aus. Seit längerer Zeit schon hatten sich negative Gefühle und Enttäuschung ihn ihnen aufgestaut. Und dies machten sie ihrem Vater unmißverständlich deutlich.

Sie sagten ihm aber auch, wie sehr sie ihn liebten und umarmten ihn. Manchmal dauerte ihre Umarmung so lange, daß er beinahe verlegen wurde; doch es machte den Vater sehr glücklich.

Als letzter kam der älteste Sohn, der rebellierende Teenager. Er war in allergrößten Schwierigkeiten und wußte nicht mehr weiter.

Der Junge hatte gemerkt, daß sich die Beziehung zwischen dem Vater und seinen Geschwistern sehr verbessert hatte, und er wollte nicht ausgeschlossen sein.

Schließlich wagte er es, auf den Vater zuzugehen und ihm die Wahrheit zu sagen.

Nachdem der Junge von seinen Problemen berichtet hatte, wußte er nichts mehr zu sagen. Offensichtlich brauchte er Hilfe.

Der Vater mochte auch seinen ältesten Sohn sehr. Aber gleichzeitig hatte er schon seit längerer Zeit ziemliche Wut auf diesen widerspenstigen Jungen. Es war dem Vater immer schon besonders schwergefallen, vor dem ältesten Kind Gefühle zu zeigen. Jetzt fehlte ihm offenbar die warmherzige, väterliche Zuwendung. – Ein liebevoller Tadel war schon lange überfällig.

Der Vater sah seinem Ältesten in die Augen und sagte: »Du hast das Eigentum eines anderen beschädigt, ja sogar völlig zerstört! So etwas hätte ich von dir nie erwartet!

Dein Verhalten war völlig unmöglich! Mir reicht es jetzt! Ich bin unheimlich enttäuscht und wütend.«

Der Vater bekam einen hochroten Kopf, und die Adern an seinen Schläfen schwollen an.

Er zeigte nur einen kleinen Teil der seit Jahren zurückgehaltenen Gefühle und mußte sich anstrengen, nicht die Kontrolle zu verlieren. Aber er wußte, daß er noch häufiger Gelegenheit haben würde, seinen Ärger auszudrücken – auch wenn es jedesmal nur ein kurzer Ausbruch sein durfte.

Er schaute seinen Sohn an und sagte noch einmal:

»Ich bin furchtbar wütend auf dich!«

In der darauf folgenden Pause, die zwar nur kurz, aber sehr wirkungsvoll war, spürte der Junge den Ärger seines Vaters. – Dieses Gefühl war ihm unerträglich.

In diesem Moment fand er seinen Vater unausstehlich. Er konnte es nicht leiden, daß dieser so mit ihm sprach. Der Junge überlegte, wie er sein Verhalten begründen oder rechtfertigen könnte. Er wollte gerade widersprechen, als ...

... der Vater tief durchatmete und seine Hand liebevoll auf seine Schulter legte.

Er sagte bedächtig: »Mein Sohn, du weißt, daß du einen Fehler gemacht hast. Aber du bist nicht schlecht! Du mußt wiedergutmachen und ersetzen, was du zerstört hast. Ich weiß, daß du das schaffen kannst. Du bist ein guter Junge. Wir beide wissen, daß du ein guter, wertvoller Mensch bist.«

Der Vater hielt inne und sagte dann: »Ich habe dich sehr lieb.« Dabei nahm er seinen Sohn in den Arm.

Der Junge wußte nicht, was er tun sollte. Er umarmte seinen Vater kurz, wandte sich dann schnell ab und verließ den Raum.

Später stimmte er bereitwillig zu, den von ihm angerichteten Schaden wiedergutzumachen. Ein paar Tage danach suchte er seinen Vater noch einmal auf, um mit ihm zu sprechen. Es fiel ihm sichtlich schwer. Er sagte nur: »Danke, Vater.«

Der Vater hörte aus diesen beiden Worten sehr viel mehr heraus.

Schließlich benutzte er zur Disziplinierung seiner fünf Kinder nur noch den 1Minuten-Tadel.

Innerhalb weniger Monate zeigten sich schon ausgezeichnete Ergebnisse. Jedes seiner Kinder war bemüht, sich besser zu benehmen. Auch der älteste Sohn, den er zunächst viel häufiger tadeln mußte als die anderen Kinder, entwickelte bessere Verhaltensweisen und konstruktive Einstellungen. Und: Bei allen Kindern bildete sich ein gesundes Selbstwertgefühl aus.

Die Familie begann, ihr Zusammensein wirklich zu genießen. Der Vater wünschte, er hätte diese Erfahrung mit seiner Frau teilen können. Viel eher schon hätten sie alle mehr Freude am Familienleben haben können!

Alles lief bestens – bis zu jenem Zwischenfall im Supermarkt.

Das 1Minuten-Lob

Der Vater war gerade mit seinen Kindern beim Einkaufen im Supermarkt. Die jüngste Tochter saß auf dem Kindersitz im Einkaufswagen. Ganz plötzlich fing sie an zu nörgeln und zu betteln, daß der Wagen mit Süßigkeiten beladen werden sollte. Sie nahm sogar Waren von den Regalen in ihrer Reichweite und warf sie in den Einkaufswagen. Ihre Quengelei wurde immer schlimmer.

Das war für den Vater zuviel. So wie manche Menschen das Geräusch quietschender Kreide auf einer Tafel nicht ertragen können, war für den Vater das Nörgeln kleiner Kinder ein Greuel. Seine Kinder wußten das ganz genau.

Als der Vater seiner Tochter einen Blick zuwarf, als wollte er sagen »Gleich wirst du sehen, was passiert, du kleines Gör!«, grinste das Mädchen und rief: »Papa, tadelst du mich, ja?«

Der Vater dachte: »Hier stimmt etwas nicht. Sie legt es ja geradezu darauf an, ausgeschimpft zu werden, anstatt brav zu sein, damit sie keinen Ärger bekommt.«

Der beunruhigte Vater schob den Einkaufswagen mit seiner kleinen Tochter nach draußen, wo er ihr dann ungestört den 1Minuten-Tadel geben konnte.

Die Kleine schien sich danach besser zu fühlen. Sie nahm ihren Vater in den Arm und war für den Rest des Tages sehr artig.

Doch der Vater war verwirrt. »Was mache ich bloß falsch?« fragte er sich.

Mit voll beladenem Auto fuhr er nach Hause. Während der Fahrt wetteiferten die Kinder um seine Aufmerksamkeit. Der Vater war jedoch völlig in Gedanken versunken.

»Es muß andere Möglichkeiten geben«, überlegte er. »Ich will doch meine Kinder nicht nur schelten. Das ist zu ermüdend. Ich kann mir Schöneres vorstellen.«

Allerdings mußte er zugeben, seitdem er den 1Minuten-Tadel zur Disziplinierung seiner Kinder anwandte, war er zu Hause wesentlich weniger gestreßt und müde als früher.

»Trotzdem«, dachte er, »muß es einen noch besseren Weg geben. Kindererziehung ist doch schließlich mehr als Disziplin und Gehorsam!

Ich möchte, daß meine Kinder nicht nur gutes Verhalten lernen. Ich möchte, daß sie ein gesundes Selbstbewußtsein entwickeln – jedes Kind auf seine Weise. Aber wie erreiche ich das?«

Der Vater dachte beim Fahren weiter darüber nach.

Dann fiel sein Blick auf einen großen Aufkleber am Heck des vor ihm fahrenden Autos. Darauf war zu lesen:

*

Haben Sie
Ihr Kind
heute schon
in die Arme genommen?

*

Er war überrascht von seiner spontanen Reaktion: »Nein! Ich habe sie heute noch nicht in den Arm genommen ... nur nach einem Minuten-Tadel.«

Jetzt wurde ihm klar, was seinen Kindern fehlte. Jetzt begriff er, warum sein ältester Sohn in letzter Zeit so schlimme Dummheiten angestellt hatte und warum das kleine Mädchen im Supermarkt unartig gewesen war.

»Durch schlechtes Benehmen erreichen die Kinder, daß ich ihnen für mindestens eine Minute meine ungeteilte Aufmerksamkeit gebe! So schaffen sie es, daß ich sie in den Arm nehme und ihnen sage, wie sehr ich sie lieb habe!«

Ihm wurde bewußt, daß er niemals reagiert hatte, wenn seine Kinder sich gut verhielten. Er hatte sie nie gelobt, nichts getan, nichts gesagt. Absolut nichts.

Gerade in diesem Moment versuchte eines der Kinder, durch freches Benehmen auf sich aufmerksam zu machen. Der Vater sah die Kinder an und lachte.

»Warum lachst du, Papa?« fragte das älteste Mädchen.

»Mir ist gerade etwas eingefallen«, sagte er. »Ich habe mir selbst einen Streich gespielt.« Er versprach ihr: »Ich erkläre es dir später, mein Schatz, ganz bestimmt.«

Dann ging er wieder seinen Gedanken nach. Zuerst suchte er nach einer Rechtfertigung für sein Verhalten. »Warum hätte ich denn reagieren sollen, wenn sie brav waren?« dachte er. »Sie taten dann schließlich nichts weiter als das, was von ihnen erwartet wurde. Meine Eltern haben mich auch nie besonders gelobt.«

Das aber war die Lösung! Er beschloß, daß dies der letzte Tag gewesen sein sollte, an dem seine Kinder unartig sein mußten, um seine Aufmerksamkeit zu gewinnen.

Der Vater war froh, daß das Wochenende gerade erst begonnen und er für die Kinder mehr Zeit hatte.

Nachdem die Familie wieder zu Hause war, beobachtete der Vater seine beiden älteren Töchter beim Ballspielen im Garten. Auf diese Gelegenheit hatte er gewartet!

Die Kinder waren ziemlich verwundert , als der Vater rief: »Kommt doch bitte mal herein, ihr beiden.«

Die beiden Mädchen schauten sich an, als wenn sie sagen wollten: »Was haben wir denn angestellt?« Sie konnten sich nicht vorstellen, was sie verkehrt gemacht haben sollten. Zögernd gingen sie ins Haus.

Die Kinder hatten in den letzten Monaten eine sehr enge Beziehung zu ihrem Vater entwickelt und liebten ihn mehr als jemals zuvor. Aber sie hatten immer noch großen Respekt vor ihm.

»Ich habe euch gerade beim Spiel beobachtet«, sagte der Vater. Er schaute sie an, streichelte ihnen liebevoll übers Haar und sagte: »Ihr beide habt euch ganz prima miteinander vertragen und sogar eure Spielsachen untereinander ausgetauscht.«

Die Mädchen strahlten.

»Ich möchte euch nur sagen, wie froh ich bin«, fuhr der Vater fort. »Es macht mich sehr glücklich, daß zwei so großzügige und verständnisvolle junge Damen zu unserer Familie gehören.«

Er nahm jedes der beiden Mädchen in den Arm und sagte: »Ich liebe euch.«

Die Kinder waren sprachlos und gingen wieder in den Garten. Sie wußten nicht so recht, was sie davon halten sollten, doch sie freuten sich riesig und fühlten sich gut.

Die Kinder hatten keine Ahnung davon, daß der Vater im Auto auf dem Heimweg vom Supermarkt eine

Entscheidung getroffen hatte. Er hatte sich vorgenommen, seine Kinder zu loben, wenn sie etwas *richtig* machten.

Er beschloß, ganz gezielt Gelegenheiten abzuwarten, die ihm Anlaß zu einem *1Minuten-Lob* gaben. Das Lob sollte ein Geschenk sein, mit dem er seine Kinder möglichst oft überraschen wollte.

Der Vater freute sich über die Reaktion seiner beiden Töchter. Es war gut, daß er seinen Entschluß so schnell in die Tat umgesetzt hatte. »Wenn die beiden Mädchen schon derart erstaunt reagieren, wie wird es dann erst bei meinem ältesten Sohn sein? Ich kann es kaum abwarten, ihm auch einmal ein Lob zu geben.«

Zwar war der Vater noch nicht voll und ganz mit der Einstellung und Verhaltensweise seines Sohnes zufrieden, aber er mußte berücksichtigen, daß der Junge lange Zeit von ihm vernachlässigt worden war.

Er hatte nicht vor, sofort zu seinem Sohn zu gehen und sich bei ihm zu entschuldigen. Schließlich war der Sinn seiner neuen Erziehungsmethode nicht, dem Jungen die Verantwortung für seine Fehler abzunehmen, und außerdem war er ja auch schon mehr als einmal für völlig unakzeptables Verhalten getadelt worden!

Er wußte, daß der Junge absolut keine bösen Absichten hatte. Und da er befürchtete, es würde eventuell zu lange dauern, bis sein Sohn sich einmal völlig richtig verhielte, beschloß er, ihn zu loben, wenn er etwas *beinahe* richtig machte.

Um seinen Sohn loben zu können, mußte er die passende Gelegenheit wohl noch abwarten. Doch das konnte ihn nicht mehr daran hindern, dieses weitere Erziehungsprinzip in Worte zu fassen:

*

Ich helfe meinen Kindern,
wenn ich sie darauf hinweise,
daß sie auf dem richtigen Weg sind.

Gutes Betragen verdient
Lob!

Bewußt warte ich diese
Gelegenheiten zur Anerkennung
ab.

*

Es dauerte gar nicht lange, bis der älteste Junge mit einem Anliegen zu seinem Vater kam. Sie hatten in der letzten Zeit wenig miteinander geredet, nur gelegentlich, nach einem Minuten-Tadel.

»Kann ich den Wagen haben?« fragte der Junge mürrisch. Die Worte ›Vater‹ und ›bitte‹ gehörten immer noch nicht zu seinem Vokabular.

Zur Überraschung des Jungen lautete die Antwort: »Gern.«

Der Mann wußte, daß das, was er anschließend tat, seinen Sohn mißtrauisch machen würde – zumindest im ersten Moment. Aber er hatte sich vorgenommen, nur noch offen und aufrichtig mit seinem Sohn zu reden.

»Die Wahrheit wird am Ende gewinnen«, sagte sich der Vater. »Ehrlichkeit ist das einzige, was er annimmt.«

Er ging zu seinem Sohn hinüber, berührte ihn sanft an der Schulter und sagte: »Danke, daß du mich gefragt hast, mein Sohn. Ich finde es gut, wenn du um Erlaubnis fragst. Viele Jugendliche nehmen einfach das Auto ihrer Eltern, ohne zu fragen. Das führt immer wieder zu Ärger und Streitereien. Du dagegen fragst. – Du bist ein prima Kerl.«

Zuerst wußte der Junge nicht, was er sagen sollte. Dann murmelte er ein verlegenes »Danke«.

Der Vater lächelte, faßte seinen Sohn am Handgelenk und sagte: »Ich hab dich lieb.«

Anschließend setzte er sich wieder an seinen Schreibtisch.

Beim Hinausgehen blickte der Junge noch einmal über die Schulter zu seinem Vater zurück.

Am Ende des zweiten Tages, nachdem der Vater begonnen hatte, den Kindern ohne vorherige Ankündigung 1Minuten-Anerkennungen zu geben, war allen fünf Kindern aufgefallen, daß sich sein Verhalten verändert hatte. Sie fragten sich, was mit ihm los war.

Nach dem Abendessen versammelte der Vater seine Kinder um sich und sagte: »Ich nehme an, ihr wollt wissen, was los ist.«

»Allerdings«, meinte der jüngste Sohn.

»Gut, ich werde es euch sagen«, antwortete der Vater.

Er sah seine älteste Tochter an und sagte: »Weißt du noch, wie wir gestern nach Hause fuhren und du mich fragtest, warum ich lachen mußte? Ich sagte, ich hätte mir selbst einen Streich gespielt.

Während wir nach Hause fuhren, wurde mir auf einmal bewußt, daß ich eigentlich überhaupt nicht zur Kenntnis nehme, wenn ihr euch gut benehmt. Ich reagiere nur, wenn ihr ungezogen seid.«

Dann schmunzelte er und sagte: »Gerade in dem Moment, als ich diesen Gedanken hatte, fing einer von euch an, Dummheiten zu machen.«

Die Kinder grinsten verschmitzt. Ein Mädchen lachte.

»Seht ihr, ich mußte auch darüber lachen«, meinte der Vater, »weil es mir zeigte, was bei uns ständig passiert. Ich beachtete nicht, wenn ihr brav wart. Und was habt ihr getan?«

»Ich fing an, mit meinem kleinen Bruder zu zanken«, gestand eines der Mädchen.

»Wie würde es euch denn gefallen, wenn ich euch für gutes Benehmen loben würde?«

»Das wäre natürlich Klasse«, antwortete das Mädchen.

Mit verhaltener Stimme, aber doch laut genug, daß alle es hörten, sagte der Älteste: »Das war aber auch schon lange fällig.«

Der Vater warf seinem Sohn einen Blick zu, der zeigte, daß ihn dieser Kommentar ärgerte.

»Entschuldigung«, sagte der Junge langsam, »es war nicht bös' gemeint.«

Die ganze Familie war erstaunt. Zum ersten Mal seit langer Zeit redete der Junge höflich mit seinem Vater. Er fing an, sich zu bessern. – Der Vater lächelte und nickte dankend.

Dann sagte er: »Du hast eigentlich recht, mein Sohn. Es ist wirklich höchste Zeit.

Und ich meine auch, es ist langsam an der Zeit«, ergänzte der Vater, »daß wir anfangen, uns gegenseitig rücksichtsvoll zu behandeln. Die Welt draußen ist hart genug. Wir sollten uns nicht obendrein zu Hause gegenseitig fertigmachen. Wir würden uns allen einen Gefallen tun, wenn wir uns gegenseitig Anerkennung schenkten.«

Niemand sagte etwas, alle stimmten zu.

»Es macht das Leben leichter«, meinte der Vater, »wenn wir wissen, woran wir wirklich sind. Ich für meinen Teil werde euch sagen, wenn ihr etwas gut gemacht habt und wenn ihr ungezogen wart. Wenn mir etwas mißfällt, werdet ihr es von mir hören«, sagte der Vater.

»Ja, ja, sag es uns«, rief der kleinste Junge.

Alle lachten, auch der Vater. »Ich bin in letzter Zeit wohl nicht so besonders gut zu euch gewesen, nicht wahr?«

»Doch«, antwortete die älteste Tochter, »du warst prima, Papa. Du hast uns allen sehr geholfen.«

Sie ging zu ihm, nahm ihn in die Arme und sagte: »Wir alle haben dich lieb.« Keiner sagte etwas. Aber alle spürten, daß der Raum von Liebe erfüllt war.

Schließlich sagte der Vater: »Danke, mein Schatz. Das hat gut getan. Weißt du, ich kann eure Anerkennung sehr gut gebrauchen. Eltern sind auch nur Menschen!« Daran hatten die Kinder nie gedacht.

Jetzt fing der kleine Junge an zu grinsen und sagte: »Mir gefällt dein Vorschlag, daß du uns 1Minuten-Lobs geben willst.« Für einen Moment dachte er nach.

Dann ging er zu seinem Vater hinüber, legte sein Händchen auf die große Schulter seines Vaters, sah ihm in die Augen und sagte: »Du sprichst jetzt mehr mit uns, Vater. Du behandelst uns wie Erwachsene. Ich möchte, daß du weißt, wie es mir dabei geht: Ich fühle mich *ganz toll.*«

Alle Kinder lachten – sogar der älteste Junge. Sie erkannten das Minuten-Lob sofort, und sie freuten sich darüber.

Dann sagte der kleine Junge: »Vati, ich habe dich auch ganz lieb« und umarmte ihn.

Der Mann war sehr gerührt. Aber er versuchte seine Emotionen vor den Kindern zu verbergen. Als er seine Fassung zurückgewonnen hatte, sagte er lachend: »Vielen Dank, mein Junge. Das tat mir gut.«

Noch konnte sich der Vater nicht dazu überwinden, den Kindern seine tiefsten Gefühle zu zeigen. Außerdem meinte er, seine Empfindungen den Kindern gegenüber nicht so gut ausdrücken zu können, wie er es gern getan hätte. Aber manchmal versuchte er es, und allmählich gelang es ihm immer besser.

Den Kindern blieb nicht verborgen, daß er sich sehr bemühte. Sie mochten ihn deswegen noch viel lieber.

Der Vater war sehr froh, daß er beschlossen hatte, seine Kinder häufiger zu loben, wenn sie etwas gut gemacht hatten.

Er fand, daß das 1Minuten-Lob dem zweiten Teil des Minuten-Tadels sehr ähnlich war. Er notierte sich die folgende Zusammenfassung:

Das 1Minuten-Lob Zusammenfassung

Das 1Minuten-Lob zeigt Wirkung, wenn ich folgendermaßen vorgehe:

1. Ich bereite meine Kinder darauf vor, daß ich ihnen meine Anerkennung zeigen werde, wenn sie etwas tun, das Lob verdient.
   Ich ermutige sie dazu, mit mir genauso umzugehen.
2. Ich versuche, meine Kinder möglichst auf »frischer Tat« – wenn sie sich lobenswert verhalten – zu »ertappen«.
3. Ich erkläre meinen Kindern ganz genau, was sie gut gemacht haben.
4. Ich sage ihnen, daß ihr Verhalten bei mir sehr positive Gefühle hervorruft und auch warum.
5. Dann mache ich eine Pause von einigen Sekunden, damit sie meine Gefühle *selbst* nachempfinden können.
6. Anschließend sage ich ihnen, daß ich sie liebhabe.
7. Ich beende das 1Minuten-Lob mit einer Umarmung oder zumindest einer sanften, liebevollen Berührung, damit die Kinder meine Anerkennung auch körperlich spüren.
8. Das 1Minuten-Lob ist kurz und angenehm. Wenn es vorbei ist, wird es nicht mehr erwähnt.
9. Ich vergegenwärtige mir, daß es mich nur eine Minute kostet, meinen Kindern Anerkennung zu schenken, während ihnen das positive Selbstgefühl das ganze Leben lang erhalten bleibt.
10. Ich weiß, daß das 1Minuten-Lob für die Kinder *und* für mich gut ist. Ich freue mich über mich selbst.

* * *

1Minuten-Ziele

Im Laufe der Monate lernte der *Minuten-Vater* (wie ihn die Kinder jetzt liebevoll nannten) das Zusammensein mit seinen Kindern sehr schätzen.

Auch die Kinder kamen viel besser miteinander aus. Sie schienen sich mehr zu mögen als je zuvor.

Der Vater und seine Kinder gaben sich Anerkennung und übten aneinander Kritik, ohne verletzend zu sein. Jedes einzelne Familienmitglied fühlte sich wohler, seitdem sich die Verständigung untereinander gebessert hatte.

Sie waren eine glücklichere Familie geworden.

Eines Abends saß der Vater allein im Wohnzimmer; er entspannte sich und dachte nach. An diesem Abend hatte er einem der Mädchen bei den Hausaufgaben geholfen. Dabei hatte er Beobachtungen gemacht, die ihn veranlaßten, darüber nachzudenken, wie Menschen überhaupt denken.

Im Beruf hatte er schon oft festgestellt, daß seine Kollegen bessere Arbeitsergebnisse erzielten, wenn sie eigenes Engagement einbringen konnten. »Wie ist es zu schaffen«, fragte er sich, »daß meine Kinder sich mehr dafür interessieren, ihr Leben selbständiger zu führen?«

Wenn er die Antwort auf diese Frage finden könnte, wäre das Leben für sie *und* für ihn viel leichter. Dabei fiel ihm eine grundlegende Regel ein:

*

Ziele
sind der Anfang
neuer Verhaltensweisen.

Erfolge
bewahren
die richtigen Verhaltensweisen.

*

Der Vater erkannte, daß er in der Erziehung seiner Kinder die Konsequenzen ihres Verhaltens überbewertet hatte.

Die glücklichsten und erfolgreichsten Menschen in seinem Bekanntenkreis hatten eine Gemeinsamkeit: Sie verfolgten bestimmte Ziele und wußten ganz genau, was sie im Leben erreichen wollten.

Er erinnerte sich an einen allgemeingültigen Grundsatz: »Erfolgreiche Menschen haben eine klare Vorstellung davon, in welchen Lebensbereichen sie Erfolg haben wollen. Liebe, Reichtum, Zufriedenheit – was auch immer, sie streben ihr Ziel konzentriert an.«

Der beruflich und finanziell erfolgreiche Vater hatte an seinem Arbeitsplatz die Kraft positiver Zielsetzungen kennengelernt und angewandt, dennoch war er nie darauf gekommen, diese Methode auch im familiären Bereich einzusetzen.

Er wußte, daß die meisten Helden unserer Zeit – Sportler, Wissenschaftler, Künstler oder andere große Persönlichkeiten – sehr detaillierte, oft schriftlich aufgezeichnete Ziele verfolgen.

Andere, genauso bemerkenswerte Menschen setzen sich ebenfalls Ziele, jedoch sind ihre Ziele weniger konkret und nicht schriftlich festgehalten. Auch diese Menschen sind erfolgreich, aber sie erreichen nur einen Bruchteil dessen, was die erste Gruppe schafft.

Die große Mehrheit der Menschen ist sich ihrer Ziele überhaupt nicht bewußt. Sie könnte viel mehr aus ihrem Leben machen.

Während der Vater diesen Gedanken nachging, kam ihm der Grundsatz Paretos in den Sinn. Der Volkswirtschaftler Pareto aus dem 16. Jahrhundert hatte beobachtet, daß in Italien weniger als 20 Prozent der Menschen mehr als 80 Prozent des Reichtums besaßen. Ein Vergleich mit anderen Ländern ergab eine ähnliche Verteilung, *ungeachtet* unterschiedlicher wirtschaftlicher, politischer oder sozialer Strukturen.

»Das gleiche Phänomen ist auch in unserer Zeit zu beobachten«, dachte der Vater. »Eine kleine Zahl von Menschen bekommt fast alle guten Dinge im Leben: Liebe, Freundschaften, finanzielle Sicherheit und vieles mehr.

Das war wohl schon immer so«, sann er, »aber es ist doch ziemlich unfair, wenn eine Person vier Stücke einer Torte allein aufessen kann und vier andere sich das fünfte Stück teilen müssen.«

Gerade in diesem Moment kam eine seiner Töchter ins Wohnzimmer und fragte: »Kannst du mir bei meiner Hausaufgabe in Englisch helfen, Papa?« Das Mädchen erzielte sehr gute Noten in Mathematik und in den Naturwissenschaften, aber in den sprachlichen Fächern hatte es Schwierigkeiten. Zwei Monate zuvor hätte es noch versucht, sich vor den ›unangenehmen‹ Aufgaben zu drücken oder im Unterricht zu bluffen, doch allmählich hatte es mehr Selbstvertrauen gewonnen und bemühte sich ernsthaft, auch diese Aufgaben zu meistern.

Der Vater verbrachte den ersten Teil des Abends damit, seiner Tochter zu zeigen, wie sie sich selbst helfen kann.

Als sie ihn schließlich wieder allein gelassen hatte, dachte er: »Wir haben alle unsere Stärken und Schwächen.«

Er selbst war in seinem Beruf erfolgreicher als in seinem Familienleben. Aber das sollte nun anders werden! Er überlegte, welche Ziele er sich für die Erziehung seiner Kinder setzen wollte.

Seine Kinder sollten sich nicht zu völlig angepaßten Menschen mit perfektem Benehmen entwickeln. Bei zu vielen Kindern waren natürliche Spontaneität und

Lebensfreude durch allzu strenge Erziehung zerstört worden. Der Vater wußte sehr wohl, daß einige der interessantesten und kreativsten Menschen »schwierige Kinder« gewesen waren.

Er grübelte darüber nach, was die Begriffe *Erziehung* und *Benehmen* eigentlich bedeuteten: »Erziehung, wozu? Benehmen, warum und wofür?

Ich wünsche mir, daß meine Kinder ein glückliches Leben führen und sich selbst verwirklichen, daß sie eine positive Einstellung zum Leben und zu sich selbst entwickeln.

Eine solche Lebenseinstellung«, entschied der Vater, »ist das größte Geschenk, das Eltern ihren Kindern machen können.«

Ihm wurde plötzlich bewußt, was er bisher getan hatte. Er mußte über sich selbst lachen: »Ich sitze hier und versuche herauszufinden, was für sie am besten ist. Das sollten sie selbst tun, nicht ich.«

Dann wurde er wieder unterbrochen. Seine älteste Tochter kam herein und fragte: »Papa, dürfen wir die Kinder von Onkel Herbert zum Wochenende einladen?«

Der Vater antwortete nicht sofort. Er stellte sich vor, wie es sein würde, von Freitagnachmittag bis Sonntagabend noch weitere vier Kinder im Haus zu haben.

Als das Mädchen das sorgenvolle Gesicht ihres Vaters sah, ergänzte es: »Es ist doch wichtig, daß wir mit unseren Cousins und Cousinen zusammen sein können, Vati.« Es wußte nur zu gut, wie es den Vater auf seine Seite bringen konnte. In letzter Zeit war ihm der Zusammenhalt der Familie und der Kontakt mit der Verwandtschaft sehr wichtig gewesen.

Der Vater stimmte zu. Er mochte die Kinder seines Bruders. Aber neun Kinder im Haus? Ein ganzes Wochenende?

Als der Freitagnachmittag gekommen war, rief der Vater die ganze Kinderschar zu sich ins Wohnzimmer und erklärte, daß er mit ihnen ein paar Dinge besprechen und die gemeinsamen Ziele klären wollte.

»Wir alle möchten das Wochenende genießen. Es würde bestimmt keinem von uns Spaß machen, wenn ich euch die ganze Zeit beaufsichtigen müßte. Deswegen möchte ich einen Vorschlag machen. Holt euch doch bitte einmal Schreibzeug und Papier.«

Als die Kinder bereit waren, fragte er sie: »Was möchtet ihr an diesem Wochenende zusammen machen?«

Die Kinder redeten alle gleichzeitig. Der Vater bat sie um Ruhe und sagte: »Bitte schreibt auf, was ihr an diesem Wochendende gern tun möchtet.« Anschließend las jedes Kind vor, was es aufgeschrieben hatte. Es waren so viele Ideen und Vorschläge, daß damit ein ganzes Jahr hätte verplant werden können! Sie mußten also auswählen, was ihnen am wichtigsten war:

1. Miteinander Spaß haben
2. Spät schlafen gehen und abends im Bett Geschichten erzählen
3. Kekse backen und Popcorn zubereiten
4. Ins Kino gehen
5. Auf den Rummelplatz gehen
6. Eine Nacht draußen schlafen
7. Auf der Terrasse grillen

Der Vater sagte: »Okay, ihr habt jetzt *eure* Ziele vorgestellt. Wir müssen uns nur noch einigen. Ich bin mit euren Plänen einverstanden, nur das Schlafen im Garten gefällt mir nicht. Die Nachbarn werden sich bestimmt über euren Lärm beschweren.«

Eines der älteren Kinder meinte: »Wie wäre es, wenn wir dir versprechen, draußen leise zu sein und früh einzuschlafen?«

»Dann wäre ich einverstanden«, antwortete der Vater. »Schreibt also bitte auf eure Zettel ›Eine Nacht draußen schlafen und dabei keinen Lärm machen‹.«

Die Kinder notierten den Satz. Dann sagte eines von ihnen: »Du hast gesagt, wir hätten *unsere* Ziele vorgestellt. Welche fehlen denn noch?«

Die Gegenfrage des Vaters war: »Welche Ziele hättest du denn, wenn du ein Erwachsener wärst und neun Kinder das Wochenende in deinem Haus verbringen?«

Die Kinder sahen sich gegenseitig an. Einen Moment waren sie ganz still. Dann sagte einer der Cousins: »Daß wir leise sind, wenn du telefonierst?« Diesen Satz hatte er in seiner Familie wohl schon oft gehört.

»Ja, richtig. Schreibt es bitte auf – auf dem gleichen Zettel.«

Die Kinder hatten noch viele andere gute Ideen für die gemeinsamen Ziele aus der Sicht des Vaters, zum Beispiel:

1. Leise sein, wenn jemand telefoniert
2. Die Schlafsäcke aufrollen und wegräumen
3. Nach dem Essen den Tisch abräumen
4. Den Mülleimer ausleeren
5. Geschirr abwaschen
6. Betten machen
7. Spielzeug untereinander austauschen
8. Nicht zanken und streiten/gut miteinander auskommen

»Meinen Glückwunsch«, sagte der Vater, »ihr habt gerade eure *1Minuten-Ziele* ausgearbeitet.«

»Was haben wir?« fragten einige Kinder.

»Ihr habt darüber nachgedacht, was ihr an diesem Wochenende zusammen tun wollt, und euch vorgestellt, wie es wohl sein wird. Das habt ihr sehr gut gemacht, denn eure Ziele sind erreichbar und sehr konkret.«

»Warum nennst du sie *1Minuten-Ziele*?« fragten die Kinder.

»Paßt einmal auf«, antwortete der Vater. »Lest euch durch, was ihr aufgeschrieben habt und dreht dann das Papier um. Ich stoppe, wie lange das dauert.«

Als sie fertig waren, sagte der Vater: »Ihr habt nur etwa eine Minute gebraucht, um eure Ziele durchzulesen.«

»Darum heißen sie *1Minuten-Ziele*?« fragte eines der Kinder.

»Ja. Und es gibt dafür einen sehr wichtigen Grund.« Dann schlug der Vater vor, daß sie alle die folgenden Worte auf den Rand ihrer Zettel schreiben sollten:

*

Ich nehme mir eine Minute Zeit,
schaue mir meine Ziele an
und überdenke mein Verhalten.

Ich prüfe, ob mein Verhalten
mit meinen Zielen vereinbar ist.

*

»Ich verstehe«, sagte eine der Cousinen. »Du möchtest, daß wir uns mehrmals täglich eine Minute Zeit nehmen und unsere Ziele mit unserem Verhalten vergleichen. Wir sollen schauen, ob wir wirklich das tun, was wir uns vorgenommen haben.«

»Das stimmt beinahe!« sagte der Vater.

»Je öfter wir uns vor Augen halten, was wir erreichen wollen, desto wahrscheinlicher ist, daß wir es schaffen.«

»Eins muß ich aber korrigieren. Bin ich es, der erreichen will, was ihr euch zum Ziel gesetzt habt, oder seid ihr es? Möchte ich, daß ihr euch die Zeit nehmt, eure Ziele zu betrachten, oder seid ihr es? Für wen tut ihr das eigentlich?«

Die Kinder lachten und sagten: »Für uns selbst.«

Der älteste Sohn meinte: »Ich finde, wir sollten jetzt noch unter uns besprechen, wie wir die Aufgaben verteilen. Wir schaffen das schon.«

Der Vater bekam niemals zu Gesicht, was die Kinder schriftlich über ihre Beschlüsse niedergelegt hatten. Doch das Wochenende verlief sehr gut – bis auf einen kleinen Zwischenfall.

Als die Kinder draußen übernachteten, wurden zwei der Jungen etwas laut. Der Vater rief sie ins Haus und gab jedem einzeln einen Minuten-Tadel. Danach benahmen sie sich sehr gut.

Am Samstag und Sonntag versammelte der Vater die Kinder kurz um sich und bat sie, ihre Ziele und ihr Verhalten als Gruppe zu überprüfen. Es machte Spaß, ihnen zuzuhören.

Der Vater amüsierte sich, als er hörte, wie seine Kinder ihren Cousins und Cousinen Lob und Tadel gaben.

Er merkte, daß es nicht mehr lange dauern würde, bis auch die Kinder seines Bruders das Prinzip anwenden und seinen Kindern unmißverständliche Mitteilungen machen würden.

Er freute sich für die Kinder, denn er wußte, daß diese Art der Kommunikation sich positiv auf ihre Beziehungen untereinander auswirken würde.

Das Wochenende wurde letztlich für alle zu einem der schönsten Wochenenden seit sehr langer Zeit. Als seine Neffen und Nichten sich vielmals dankend verabschiedeten, gab der Vater sich selbst ein Lob.

Er hatte 1Minuten-Ziele, das 1Minuten-Lob und den 1Minuten-Tadel eingesetzt, und die Resultate waren überzeugend.

Nach diesem erfolgreichen Wochenende erklärte der Vater seinen Kindern, wie sie das Prinzip der 1Minuten-Ziele auf ihre persönliche Situation übertragen können.

»Erinnert ihr euch daran, wie wir am Freitag gemeinsam unsere Ziele festlegten? Das waren ›Wir-Ziele‹, auf die sich zwei oder mehr Personen der Familie einigten. Möchtet ihr wissen, wie ihr eure persönlichen Ziele, die ›Ich-Ziele‹ einsetzen könnt?«

»Ja, das wäre toll«, antworteten sie.

»Dann schreibt doch einmal auf, was ihr gern erreichen möchtet. Formuliert eure Ziele in der ersten Person Präsens, so als wenn ihr die Ziele bereits erreicht hättet. Vergeßt nicht zu erwähnen, wann ihr die Ziele erreichen wollt.

Meine Ziele sind zum Beispiel: ›Ich bin gesund und fit. Ich ernähre mich gesund und laufe bis zum 5. Mai jeden Tag vier Kilometer.‹« Die Kinder brauchten nicht lange, um ihre eigenen Ziele aufzulisten. Eines der Mädchen schrieb:

»Ich bin in die Gruppe der fortgeschrittenen Turnerinnen aufgenommen worden. Ich trainiere die Übungen jeden Tag, damit ich am 11. März bei der Endauswahl in bester Form bin.«

Als der Vater die Zielvorstellungen seiner Kinder schriftlich vor sich sah, wurde ihm bewußt, daß seine Familie auf dem richtigen Weg war und jeder einzelne in kürzester Zeit gelernt hatte, mehr aus seinem Leben zu machen.

Er faßte noch einmal zusammen, welche Punkte bei der Formulierung von 1Minuten-Zielen wichtig sind.

1Minuten-Ziele
Zusammenfassung

Wie wir uns in der Familie 1Minuten-Ziele setzen:

1. Wir haben klare Vorstellungen davon, was wir als Familie (Wir-Ziele) und als einzelne Personen (Ich-Ziele) erreichen wollen.
2. Wir sprechen uns untereinander ab, damit jeder das Gefühl hat, daß in der Familie die Erwartungen des einzelnen an die Familie erfüllt werden.
3. Wir schreiben unsere Ziele kurz auf (maximal 250 Worte), damit es nicht länger als eine Minute dauert, sie durchzulesen.
4. Unsere Ziele sind sehr *konkret* und beinhalten genau, *was* wir *wann* erreicht haben wollen: »Ich lerne ... ich kann ... bis zum ... .«
5. Wir schauen uns unsere Ziele häufig an, um sie fest in unser Denken und Handeln einzubeziehen.
6. Ich nehme mir mehrmals täglich eine Minute Zeit, um meine Ziele zu überdenken. Ich prüfe, ob mein Verhalten mir hilft, diese Ziele zu erreichen.
7. Ich ermutige meine Kinder, dies auch zu tun.
8. Einmal wöchentlich genießen wir es, gemeinsam über unsere Ziele und über unsere Fortschritte als Familie zu sprechen.

* * *

Einige der Kinder hatten auch persönliche Ziele, von denen die anderen Familienmitglieder nichts wissen sollten. Die Kinder befürchteten, ihnen könnte gesagt werden, sie würden ihre Ziele ja doch nicht erreichen.

Aber der Vater respektierte den Privatbereich jedes einzelnen.

Was auch immer die konkreten Ziele der Kinder waren, sie hatten jetzt das Gefühl, mehr Kontrolle über ihr Leben zu haben. Es war nicht mehr so wie früher, als nur die Vorstellungen und die Meinung der Eltern zählten.

Die Kinder lernten, Verantwortung für ihr eigenes Leben zu übernehmen, und es machte ihnen Spaß.

Auch die jüngste Tochter machte mit. Da sie noch nicht schreiben konnte, malte sie ihre Ziele.

Es war erfreulich für den Vater zu beobachten, daß 1Minuten-Ziele, -Lob und -Tadel nicht mehr nur eine Erziehungsmethode waren, die er den Kindern gegenüber benutzte, sondern die Kinder hatten inzwischen gelernt, das Minuten-System selbständig für sich zu nutzen.

Der Minuten-Vater und seine Kinder hatten es nun geschafft, ihr Familienleben positiv zu verändern.

Doch es gab große Probleme in einer anderen Familie.

Ein anderer Vater

Am anderen Ende der Stadt begannen zur gleichen Zeit ein junger Vater und eine junge Mutter über die Erziehung *ihrer* Kinder nachzudenken.

Sie sprachen über alle Schwierigkeiten und kamen zu dem Schluß, daß ihre beiden Kinder völlig außer Kontrolle geraten waren. Beide Kinder, das neunjährige und das sechsjährige, waren ungehorsam und den Eltern gegenüber sehr rücksichtslos. Beide bekamen schlechte Noten in der Schule und waren ständig in irgendwelche Streitereien mit den Nachbarskindern verwickelt.

Der junge Vater wußte schon gar nicht mehr, wie oft seine Frau den Kindern aus lauter Verzweiflung gedroht hatte: »Ihr werdet etwas erleben, wenn euer Vater nach Hause kommt! Es wird euch noch leid tun, daß ihr nicht auf mich hören wollt!«

Die Kinder hatten keine Vorstellung davon, daß der ahnungslose Vater, wenn er nach einem anstrengenden Arbeitstag heimkehrte, in seiner Familie Erholung und Entspannung suchte.

Es gab genug Streß an seinem Arbeitsplatz, so daß er sich zu Hause nach Frieden und Ruhe sehnte. Aber leider viel zu häufig wurde er dort von seiner Frau mit den Worten begrüßt: »Es tut mir leid, Liebling, daß ich dich hiermit belästige. Aber weißt du, was die Kinder heute angestellt haben? Du mußt etwas tun! Ich werde mit den beiden einfach nicht mehr fertig.«

Das junge Paar wollte nicht, daß die Kinder sich so entwickelten wie einige Rabauken in der Nachbarschaft, die vor nichts und niemandem Respekt hatten.

Zur Disziplinierung seiner Kinder kannte der junge Vater nur einen Weg: Sie bekamen Hiebe. Wenn die

Schläge nichts nützten, prügelte er sie eben noch heftiger. Doch er hatte kein gutes Gefühl dabei.

Er mußte an die Geschichte von dem Mann denken, der seinem Sohn drohte: »Wenn ich dich nochmal dabei erwische, daß du deinen kleinen Bruder verhaust, dann bekommst du von mir solche Schläge, daß ...«

Das junge Elternpaar beobachtete, wie die Kinder in der Nachbarschaft erzogen wurden. Was sie sahen, war jedoch nicht gerade ermutigend. Offenbar hatten andere Eltern die gleichen Probleme. Sie waren genauso unsicher und wußten nicht, wieviel Freiheit sie ihren Kindern zugestehen sollten und wo die Grenzen zu ziehen waren.

Als sie Eltern geworden waren, gab ihnen niemand Rat und Hilfe, niemand war ihnen ein gutes Vorbild. Tatsächlich hatten viele der jungen Eltern kaum jemals ernsthaft darüber nachgedacht, wie sie ihre Kinder erziehen wollten. Aber sie merkten, daß ihnen etwas fehlte.

Der junge Vater sprach mit anderen Vätern über seine Erziehungsprobleme. Viele Männer der Nachbarschaft stimmten ihm zu. »Es ist nicht wie früher«, sagten einige. »Alles verändert sich so schnell. Immer dann, wenn wir gerade die letzten Verhaltensregeln und Anleitungen für die Kindererziehung gelernt haben, werden neue Konzepte entwickelt. Wer weiß heute schon noch, was die Familie von uns erwartet?«

Der junge Mann konnte nur zu gut verstehen, wie es den anderen Vätern erging. Er war etwas erleichtert, als er feststellte, daß die anderen ähnliche Schwierigkeiten hatten wie er.

Allmählich wurden aber die Probleme mit seinen eigenen Kindern zu einer großen Belastung für die Ehe, und die Spannungen im Familienleben wirkten sich letztlich dann auch in seinem Beruf negativ aus.

Schließlich holte er sich Rat von Fachleuten. Er wandte sich an Ehe- und Familienberater, Psychiater, Sozialarbeiter, Kinderärzte und Psychologen. Er bekam von diesen Spezialisten zwar viele nützliche Ratschläge, doch sein Problem war nicht gelöst.

Der 1Minuten-Vater erklärt

Eines Tages erzählte ein guter Freund dem jungen Vater von einem Mann, der in einem anderen Stadtteil lebte. Dieser Mann habe mit seiner Familie schwere Zeiten durchgemacht und bei der Erziehung seiner fünf Kinder große Probleme gehabt. Aber nach einiger Zeit hatte er einen Weg gefunden, und die Kinder entwickelten sich prächtig.

Das Beste daran war, daß er eine sehr einfache und wirkungsvolle Erziehungsmethode anwandte, die man leicht übernehmen konnte. Dieser Mann sei gerne bereit, seine Erkenntnisse anderen Eltern weiterzugeben. Der junge Vater zögerte nicht lange, rief den erfolgreichen Vater an und berichtete von seinem Problem.

»Ich weiß wirklich nicht mehr, was ich tun soll. Es wäre sehr hilfreich für mich, wenn ich Sie einmal besuchen dürfte, um mit Ihnen darüber reden zu können, wie ich ein besserer Vater sein kann.«

»Aber gern«, sagte der ältere Mann. »Kommen Sie doch am Sonntagvormittag zu mir. Ich helfe Ihnen gern.

Das heißt«, fuhr er fort, »unter einer Bedingung.«

Dann lachte der Minuten-Vater und sagte: »Es gibt keinen Anlaß zur Sorge, das versichere ich Ihnen. Nur was ich Ihnen erzählen werde, ist so einfach und simpel, daß viele Menschen kaum glauben, wie gut diese Methode funktioniert.

Daher möchte ich Sie bitten, erst dann Ihr Urteil zu fällen, wenn Sie meine Ratschläge ein paar Wochen lang befolgt haben.«

Der junge Mann war einverstanden.

Als er am folgenden Wochenende vor dem Eingang des beeindruckenden Hauses des Minuten-Vaters stand, dachte er: »Scheinbar ist dieser Mann sehr erfolgreich. Kein Wunder, daß er ein guter Vater sein kann. Er ist wahrscheinlich viel klüger und gebildeter als ich. Er ... .«

Der junge Mann hielt inne und hörte augenblicklich mit seinen Selbsterniedrigungen auf. Sein eigener Vater hatte das nur zu oft getan! Jetzt sollte es anders werden.

Er wurde an der Haustür von einem grauhaarigen Herrn in körperlich bester Verfassung begrüßt, dessen lebhaft leuchtende Augen ihm sagten, daß er es mit einem lebensfrohen, glücklichen Menschen mittleren Alters zu tun hatte.

»Kommen Sie herein«, sagte der Mann. »Ich freue mich über Ihren Besuch.«

»Wirklich?« fragte der junge Vater ungläubig.

»Ja. Offengestanden bin ich irgendwie froh, daß ein anderer Vater genauso ratlos ist wie ich damals und bereit ist, sich zu ändern und eine Lösung für sein Problem zu finden. Es ist noch gar nicht so lange her, daß es mir genauso erging.«

»Tatsächlich? Sie waren in der gleichen Situation?«

Der Minuten-Vater lächelte und sagte: »Über vieles wußte ich Bescheid, aber was es heißt, Vater zu sein, war für mich völliges Neuland. Doch geht es nicht allen Menschen so, daß sie in bestimmten Bereichen weniger erfolgreich sind?«

Allmählich wurde der Besucher gelassener und er gestand schließlich seine größte Sorge: »Ich weiß nicht mehr weiter ... Ich fürchte, wenn ich jetzt keine bessere Lösung finde, füge ich meinen Kindern schweren Schaden zu. Manchmal glaube ich, man muß einfach perfekt sein, um ein guter Vater sein zu können.«

Der ältere Mann begann zu lachen und sagte dann schmunzelnd: »Glücklicherweise ist es nicht so. Jeder Vater macht Fehler bei der Kindererziehung, genau wie wir in allen Lebensbereichen gelegentlich Fehler machen. Die Kinder merken das auch.«

»Und was tun Sie«, fragte der junge Mann, »wenn Sie etwas falsch gemacht haben?«

»Früher habe ich versucht, meine Fehler zu verbergen. Jetzt gebe ich sie zu. Meine Kinder wissen das wirklich zu schätzen, denn es zeigt ihnen, daß sie genauso ehrlich sein können. Und ich gestatte mir auch, über meine Fehler zu lachen, insbesondere wenn es keine sehr schlimmen Fehler waren, was meistens der Fall ist.«

»Sie lachen darüber?« fragte der Mann erstaunt.

»Ja! Lachen Sie doch ruhig einmal über Ihre allzu menschlichen Unzulänglichkeiten. So lehren Sie Ihre Kinder, ihr eigenes Versagen auch nicht so ernst zu nehmen. Menschen, die ehrlich zugeben können, daß sie im Unrecht waren, und die über ihre Schwächen lachen können, bekommen kaum jemals einen Nervenzusammenbruch.«

Der junge Mann nickte und sagte: »Das ist sicherlich ein guter Weg, um den alltäglichen Streß zu verringern.«

»Ja, allerdings«, sagte der Vater. »Eine andere Möglichkeit zur Streßreduzierung ist, einzelne Probleme Schritt für Schritt anzugehen und nicht darauf zu warten, daß man alles auf einmal in Ordnung bringen kann. Man hat eigentlich niemals genug Zeit, um alles, was man sich vornimmt, erledigen zu können, geschweige denn alles richtig zu machen. Das gilt auch für unsere Aufgabe als Väter.«

Der jüngere Mann nickte zustimmend und fragte: »Wie gehen Sie denn nun im einzelnen vor?«

»Lassen Sie mich eins sagen«, erwiderte der Minuten-Vater, »ich habe auch nicht alle Erziehungsprobleme gelöst. Ich hatte nur das Glück, ein paar hilfreiche Dinge herauszufinden, die Sie und jeder andere Vater lernen können.

Vermutlich gibt es ebenso viele Erziehungsmethoden wie Eltern. Doch ein Grundsatz, den ich sehr wichtig finde, ist:

*

Ich zeige meinen Kindern,
wie sehr ich mich darüber freue,
daß sie so sind, wie sie sind.

*

»Das ist bestimmt sehr gut«, stimmte der junge Mann zu.

Der Vater meinte: »Anstatt Ihnen fertige Antworten zu geben, schlage ich vor, ich erzähle Ihnen, wie ich mit meinen Kindern umgehe. Sie können dann selbst entscheiden, wie Sie meine Erfahrungen in Ihrer Familie umsetzen wollen.«

»Einverstanden«, sagte der junge Mann. »Ich höre zu.«

»Vorausschicken möchte ich, daß ich diese Methode nicht immer anwende.«

»Wieso nicht?« fragte der Besucher überrascht.

Der Vater zuckte mit den Schultern und gestand: »Wissen Sie, ich bin wie alle anderen Eltern, ich verhalte mich nicht immer so, wie ich eigentlich sollte. Doch wenn ich es tue, läuft alles viel besser.

Ich mache mir keine Sorgen mehr, wieviel Zeit ich für meine Kinder habe. Ich sorge aber dafür, daß ich neben all meinen anderen Verpflichtungen, die auch wichtig sind und mir Freude machen, so oft wie möglich mit jedem meiner Kinder zusammen sein kann.«

Der Besucher lächelte und sagte: »Es freut mich, das zu hören. Als man mir sagte, Sie würden der ›Minuten-Vater‹ genannt, hatte ich die Vermutung, daß Sie die Erziehung Ihrer Kinder im Eiltempo erledigen und nur sehr wenig Zeit für Ihre Familie haben.«

Freundlich erwiderte der Minuten-Vater: »Ihre Befürchtung ist sicherlich nicht unberechtigt. Doch das Wichtigste ist: Seitdem ich gelernt habe, ein sehr einfaches, aus drei Teilen bestehendes Kommunikationssystem anzuwenden, das jedesmal nur ungefähr eine Minute beansprucht, ist jeder Moment, den ich mit meinen Kindern gemeinsam verbringe, intensiver und für beide Seiten befriedigender geworden.

Bevor ich Ihnen nun die Methode insgesamt erläutere, möchte ich betonen, daß ich mit jedem Kind eine gewisse Zeit allein bin, auch wenn es nur ein paar Minuten sind. Ich vergleiche meine Kinder niemals miteinander. Der zweite Punkt ist, daß ich mich bemühe, dem Kind in dieser Zeit wirklich meine ungeteilte Aufmerksamkeit zu schenken. Ich widme mich dann nur dem Kind, mit dem ich gerade zusammen bin.«

»Sie konzentrieren sich also völlig auf den gegenwärtigen Moment.«

»Ja. Wenn ich zu Hause bin, denke ich nur an meine Familie. Im Beruf denke ich nur an meine Arbeit. Das ist für *beide* Bereiche sehr vorteilhaft!«

Der Besucher sagte: »Mein Freund berichtete mir, daß Sie in Ihrer Familie genauso erfolgreich sind, wie in Ihrem Beruf. Ich kann mir vorstellen, daß Sie sehr stolz darauf sind.«

»Ja, das stimmt«, sagte der Vater nicht ohne Selbstzufriedenheit. »Ich freue mich darüber, insbesondere weil auch meine Kinder diesen Erfolg mit mir teilen. Für uns alle ist das Leben leichter geworden, seitdem ich mich an folgendem Grundsatz orientiere:

*

Mein wichtigstes Ziel als Vater ist,
meinen Kindern dabei zu helfen,
Selbstbewußtsein
und
Selbstdisziplin
zu entwickeln.

*

»Genau *diese* Folge ist mir wichtig«, ergänzte der Vater. »Es war ein schwerer Weg, bis ich lernte, daß Kinder, die mit sich selbst zufrieden sind und ein gesundes Selbstbewußtsein haben, von sich aus die notwendige Selbstdisziplin aufbringen. Wenn sie sich selbst akzeptieren, wollen sie das Beste aus sich machen, und um dieses Ziel zu erreichen, ist Selbstdisziplin erforderlich.«

»Liegt es an Ihrer Methode, daß die Kinder zu dieser Einsicht kommen?« fragte der junge Mann.

»Nicht nur«, erwiderte der ältere Vater. »Das Minuten-System ist eher ein Mittel, um Kindern dabei zu helfen, sich selbst zu erziehen.«

Dann fügte er hinzu: »Meine Kinder wenden die drei Varianten des Minuten-Systems inzwischen zur Verständigung untereinander und mit mir an.«

Auf Wunsch des Besuchers beschrieb der Vater im einzelnen das 1Minuten-Ziel, das 1Minuten-Lob und den 1Minuten-Tadel.

Der junge Mann hörte interessiert zu.

Dann sagte er langsam: »Ich glaube, dies könnte auch für mich der richtige Weg sein.«

»Sie sind sich aber noch nicht ganz sicher«, bemerkte der Vater.

»Nein, noch nicht hundertprozentig«, sagte der Besucher.

»Es wäre gut, wenn Sie mir erklären könnten, *warum* diese drei Kommunikationsvarianten bei der Erziehung von Kindern so gut funktionieren. Warum verhelfen Minuten-Ziele, Minuten-Lob und Minuten-Tadel gerade Kindern, ein positives Selbstbild und entsprechende Verhaltensweisen zu entwickeln?«

Warum die 1Minuten-Ziele funktionieren

»Sie möchten also wissen, warum die 1Minuten-Methode bei der Kindererziehung so erfolgreich ist?

Fragen wir doch einfach«, schlug der Vater vor, »wie der menschliche Verstand arbeitet. Die meisten Wissenschaftler sind sich darin einig, daß unser Denken und Fühlen in unterschiedlichen Bereichen des Gehirns stattfindet.«

»Sie meinen das Bewußtsein«, warf der junge Mann ein, »und das Unterbewußtsein, nicht wahr.«

»Ja, richtig. Der unbewußte Teil hat einen besonders großen Einfluß auf unser Denken. Wir merken es gar nicht, doch das Unterbewußtsein nimmt alles auf, was wir hören und sehen. Das Faszinierende daran ist, daß unser Unterbewußtsein keinen Filter hat. Es registriert wirklich alles und jedes. Dinge, die immer wieder in das Unterbewußtsein eingehen, werden allmählich zu einer festen Überzeugung, zu einem ›Glauben‹.«

»Wenn uns beispielsweise in der Kindheit ständig etwas Bestimmtes vorgesagt wird«, rückversicherte sich der junge Vater, »neigen wir dazu, es zu glauben – sogar wenn wir wissen, daß es nicht wahr ist.«

»Genau. Sie kennen sicher auch Kinder, denen immer wieder vorgehalten wird, sie seien dumm oder unbeholfen. Diese Kinder glauben schließlich, sie seien wirklich so.«

Der junge Mann dachte an seine eigene Kindheit zurück und führte den Gedanken weiter: »Und dann verhalten sie sich so, als wären sie tatsächlich dumm oder unbeholfen.«

»Ja«, sagte der ältere Vater. »Und wenn Kinder sich dementsprechend verhalten ...«

»... werden die Vorhaltungen der Eltern wirklich wahr«, ergänzte der Besucher.

»Dieser Mechanismus ist ausschlaggebend dafür«, fuhr der Vater fort, »warum die Minuten-Ziele so gut funktionieren. Präzise formulierte Ziele, die man sich möglichst regelmäßig vor Augen hält, eignen sich in hervorragender Weise dazu, in unser Unterbewußtsein immer wieder genau das einfließen zu lassen, was wir zu unserem eigenen Wohl und Erfolg für wichtig halten – bis wir schließlich fest davon überzeugt sind. Denn wenn wir fest an etwas glauben, verhalten wir uns letztendlich so, als wäre es bereits Wirklichkeit.«

»Aber was ist, wenn unsere Ziele unrealistisch sind?« wollte der junge Mann wissen.

»Nun, das ist gerade das Wunderbare an diesem System. Das Unterbewußtsein hat keinen Filter. Es nimmt alles auf und weiß daher nicht, was realistisch ist und was nicht. Eine solche Unterscheidung kann nur im bewußten Bereich unseres Denkens getroffen werden.«

»Ich bin nicht sicher, ob ich Ihnen folgen kann«, gestand der jüngere Mann.

»Ich kann es vielleicht durch einen Vergleich verdeutlichen«, sagte der Vater.

»Stellen Sie sich einen Bauern vor, der Samen auf das Feld streut. Der fruchtbare Boden ist wie unser Unterbewußtsein. Er weiß nicht, welche Saat gesät wurde, ob nützlich und wertvoll wie Weizen oder Mais oder ob ungenießbar und giftig wie Fingerhut oder Mohn. Die Erde läßt wachsen, was gesät wird, sie macht keinen Unterschied.«

Der junge Mann erkannte, worauf der Vater hinaus wollte, und fügte hinzu: »Genauso ist es mit dem Unterbewußtsein.«

»Ganz recht. Jetzt verstehen Sie , warum die Minuten-Ziele so gut funktionieren.«

»Ja, weil ...«, sagte der Besucher langsam, »man nur eine Minute braucht, um sie durchzulesen, und damit die besten Voraussetzungen gegeben sind, daß man sie häufig nachliest und in sein Unterbewußtsein aufnimmt. Schließlich glaubt man daran ... und verhält sich entsprechend.«

»Das haben Sie hervorragend zusammengefaßt! Das ist die Erklärung dafür, warum Minuten-Ziele so effektiv sind – bei Kindern und bei Erwachsenen.«

»Sie meinen, das ist schon alles?«

»Nicht ganz«, sagte der Vater lächelnd.

»Wir können uns jedoch vorerst auf diesen Punkt konzentrieren:

*

Wir sind,

was wir denken.

*

»Das ist ein ausgezeichnetes Konzept!« sagte der junge Mann. »Das muß ich selbst einmal ausprobieren!«

»Interessant, daß Sie das sagen«, meinte der Vater nachdenklich. Diese Reaktion verunsicherte den Besucher etwas.

Dann fuhr der Minuten-Vater fort: »Von all den Dingen, die ich in letzter Zeit gelernt habe, war diese Erkenntnis am wichtigsten. Erinnern Sie sich daran, daß ich sagte, in meiner Familie war ich nicht so erfolgreich wie auf anderen Gebieten? Überlegen Sie mal, warum!«

Der junge Mann war verlegen. Er wußte nicht, was er antworten sollte. Es überraschte ihn, daß der ältere Mann seine eigenen Schwächen eingestand. »Ich vermute, es hat damit zu tun, was wir gerade besprochen haben.«

»Ja, richtig.«

»Vielleicht haben Sie kein glückliches Familienleben gehabt, weil es nicht eines Ihrer Ziele war.«

»Es mag merkwürdig klingen, doch genau so ist es. Ich hatte es einfach als gegeben vorausgesetzt. Beinahe so, als wenn ich ein Anrecht darauf gehabt hätte als Belohnung für meine schwere Arbeit im Beruf.«

Dieses Gefühl war dem jüngeren Mann wohlbekannt.

»Inzwischen habe ich das Problem gelöst«, sagte der Vater. »Ich habe meine *Familien-Ziele* genau aufgeschrieben und schaue sie mir häufig an. Je öfter ich sie sehe, desto mehr bemühe ich mich, diese Ziele zu erreichen. Das ist meine ›Popcorn-Methode‹.«

»Wie bitte?« fragte der junge Mann.

Der Vater lachte. »Es wurde einmal in verschiedenen Kinos ein sehr erfolgreicher Verkaufstrick benutzt, der inzwischen aber verboten wurde. Man zeigte für Bruchteile von Sekunden auf der Leinwand ein Foto von frischem, gezuckertem Popcorn und dazu die Worte: ›Kauft Popcorn‹. Das Bild kam und verschwand so schnell wieder, daß es niemand bewußt wahrnehmen konnte.«

»Ich wette«, meinte der jüngere Vater, »daß sich dieses Bild dem Unterbewußtsein der Zuschauer einprägte, richtig?«

»Ja, stimmt genau! Und raten Sie, was passierte?«

»Sicher stieg der Popcorn-Verkauf an!« mutmaßte der Besucher.

»Das ist der springende Punkt. Das Unterbewußtsein beeinflußt unser Verhalten – im positiven wie leider auch im negativen Sinne.

Ich las zum Beispiel vor ein paar Wochen die Sportseiten der Zeitung. Ein Profi-Golfer, der bei einem großen Turnier nach den ersten drei Runden in Führung war, wurde interviewt. Er sagte: ›Ich bin ein Vogelscheuchen-Golfer.‹ Als der Reporter fragte, was er damit meine, antwortete er: ›Ich mache vielen großen Favoriten die Hölle heiß.‹«

»Mit anderen Worten«, meinte der junge Vater, »er hielt sich für einen ›Beinahe-Gewinner‹. Er sah sich nicht als Gewinner, sondern als jemand, der den Gewinnern das Leben schwer machte.«

»Genau. Ich schaute am nächsten Tag in die Zeitung. Wie glauben Sie, lautete das Endergebnis?«

Der Besucher schüttelte den Kopf; er wußte schon die Antwort.

Der Vater sagte: »Es kam natürlich so, wie es kommen mußte. Er verlor das Spiel ganz knapp, das dicke Geld ging an ihm vorbei. Man kann einfach nicht gewinnen, wenn man ständig ans Verlieren denkt.«

Dann sah der Vater auf seine Uhr und meinte: »Es ist gleich soweit.«

»Wovon sprechen Sie?«

»Von unserer Sonntagvormittag-Besprechung. Die Kinder wissen, daß Sie hier sind, und sie sind damit einverstanden, daß Sie teilnehmen. Haben Sie Lust dazu?«

Der junge Vater war einverstanden, obgleich er nicht so recht wußte, was ihn erwartete.

Warum das 1Minuten-Lob funktioniert

Der Besucher war überrascht, als er feststellte, daß die Familienzusammenkunft größtenteils von den Kindern bestimmt wurde.

Sie sprachen über die Ziele jedes einzelnen und über die Ziele der Familie. Sie lobten einander und übten aneinander auch Kritik. Es war eine entspannte, fröhliche Atmosphäre. Die Kinder neckten sich gegenseitig und lachten viel. Es war beeindruckend, daß diese Kinder schon angefangen hatten, ihr Leben selbst in die Hand zu nehmen und dabei sehr erfolgreich waren.

Gegen Ende der Besprechung sagte der älteste Junge: »Wißt ihr noch? Eines unserer Ziele war, daß wir aufeinander aufpassen wollten.

Also, ich habe gelesen, daß jedes Jahr etliche Kinder gekidnappt werden. Wenn man die Muster der Fingerabdrücke hat, ist es viel leichter, verlorene Kinder zu identifizieren. Warum machen wir nicht einen Fingerabdruck von unserem Schwesterchen?«

»Wie denn?« fragte eines der Kinder.

»Ganz einfach, wir machen es selbst mit einem Stempelkissen und einer Karteikarte. Wir bewahren die Karte hier zu Hause auf.«

Eines der Mädchen legte ihre Hand auf seinen Arm und sagte: »Mein lieber Bruder, du machst dir ja richtig Sorgen um unsere kleine Schwester. Deine Idee finde ich prima und auch, daß du so fürsorglich bist.«

Die Kinder freuten sich und applaudierten für dieses Lob.

»Wir könnten doch gleich für uns alle eine Kartei der Fingerabdrücke anlegen«, meinte eines der Kinder.

Alle waren damit einverstanden. Als die Besprechung

beendet war, versäumten sie keine Zeit und stellten die Kartei zusammen.

»Das ist ja bewundernswert!« sagte der Besucher.

»Vor ein paar Monaten hätte ich das auch nicht für möglich gehalten«, meinte der Vater. »Die Kinder haben sich sehr verändert, seitdem ich angefangen habe, ihnen meine Anerkennung zu zeigen, wenn sie etwas richtig machten – oder zumindest annähernd richtig.

Sie können sich nicht vorstellen, wie sehr sich jedes einzelne Kind entwickelt hat!«

»Und warum funktionieren die 1Minuten-Anerkennungen so gut?« wollte der Besucher wissen.

»Weil das Selbstbewußtsein der Kinder durch nichts mehr gefördert wird als durch positive Rückmeldungen. Früher schenkte ich meinen Kindern viel zu wenig Beachtung, wenn sie etwas gut gemacht hatten.«

Der junge Mann lächelte und sagte: »Vor kurzem habe ich einen sehr treffenden Ausschnitt aus einem Zeichentrickfilm gesehen. Ein kleiner Tunichtgut saß mit Tränen in den Augen in der Strafecke und sagte: ›Warum bekomme ich keinen Ehrenplatz, wenn ich einmal *lieb* bin?‹« Der Vater lachte.

»Wenn ich jetzt darüber nachdenke«, meinte der junge Mann, »fällt mir auf, daß auch ich meinen Kindern nur selten Aufmerksamkeit schenke, wenn sie brav sind.«

»Glauben Sie mir«, versicherte der Vater seinem Besucher, »es wird Ihren Kindern gut tun, wenn sie von Ihnen gelobt werden.Wenn Sie möchten, daß Ihre Kinder sich bessern, denken Sie daran, daß Anerkennung zu Höchstleistungen anspornt.

Am besten ist ein Lob, das die Kinder selbst nachvollziehen können.«

*

Kinder
wachsen in ihrem Selbstvertrauen
um so mehr,
je deutlicher
sie ihren Erfolg
selbst erkennen.

*

»Ein ausgezeichnetes Beispiel hierfür«, sagte der Vater, »ist die wahre Geschichte eines Vaters, der die Umstände immer so einrichtete, daß sein kleiner Sohn gewinnen konnte, ganz egal was er tat.«

Der Besucher lachte: »Der Junge ist bestimmt eines Tages ein strahlender Sieger geworden.«

»Ja, selbstverständlich!« erwiderte der Minuten-Vater.

»Was hat denn der Vater dieses Jungen anders gemacht?« fragte der Besucher.

»Wie viele Väter wollte auch er seinem Sohn das Kegeln beibringen. Allerdings ging er dabei besonders geschickt vor. Wie üblich wurden die Kegel von der automatischen Anlage aufgestellt. Sehr zur Verwunderung seiner Freunde baute der Vater jedesmal vor dem Wurf des Jungen zusätzliche Kegel in der seitlichen Rille am Ende der Bahn auf.«

»Wirklich?« fragte der erstaunte junge Mann. »Sagten Sie, er baute die Kegel an den Rändern der Bahn auf?«

»Ja«, antwortete der ältere Vater. »Ist doch klar: Wenn die Kugel so schlecht geworfen wird, daß sie von der Bahn abkommt, gibt es keine Punkte.«

»Wieso tat er es denn?« fragte der junge Mann.

»Anstatt Ihnen zu antworten, möchte ich Sie lieber etwas fragen. Was glauben Sie denn, was für einen Wurf ein vierjähriger Junge schafft, der das Spiel gerade erst lernt?«

Der junge Vater lachte: »Nun, ich fürchte, er bringt einen ziemlich schlechten Wurf zustande .«

»Ganz bestimmt. Und wir wären als Väter sicherlich sehr besorgt, daß das Kind keine Punkte machen und den Spaß am Spiel verlieren würde.

Aber dieser Vater kümmerte sich nicht darum, daß der Kleine die Kugel nicht in der Bahn halten konnte.

Er stellte die Kegel einfach immer genau dorthin, wohin die Kugel rollte.«

Der junge Mann war begeistert: »Was für eine tolle Idee!«

»Das ist prima, nicht wahr? Wohin der Junge die Kugel auch rollte, er war immer ›Gewinner‹!«

Der Besucher nickte und schmunzelte.

»Was ist aus dem kleinen Jungen später wohl geworden – ich meine jetzt beruflich, abgesehen davon, daß er ein selbstbewußter und zuversichtlicher Mensch wurde?«

»Vermutlich wurde er ein erstklassiger Sport-Kegler?«

»Sie haben es erraten. Er war sehr erfolgreich und verdiente mit dem Kegeln obendrein viel Geld. In einem Interview wurde er einmal nach dem Geheimnis seines Erfolgs gefragt. Darauf antwortete er, ›Ich kann mich nicht daran erinnern, jemals verloren zu haben. Das verdanke ich meinem Vater, der ein sehr ungewöhnlicher Mann war.‹«

Die beiden Väter waren von dieser Geschichte sehr angetan. Insgeheim wünschten sie sich, auch so einen Vater gehabt zu haben.

Jetzt wollten sie sich bemühen, für ihre Kinder bessere Väter zu sein.

Der jüngere Mann sagte: »Diese Geschichte erinnert mich an ein anderes Beispiel eines ungewöhnlichen Vaters. Dieser Mann wollte seinem kleinen Sohn das Basketballspielen beibringen. Er ermutigte den kleinen Jungen, zur Übung Tennisbälle in einen großen Papierkorb zu werfen. Auch dieses Kind hatte von Anfang an Erfolgserlebnisse.

Aber ist es nicht seltsam, ich habe niemals daran gedacht, so etwas für *meinen* Sohn zu tun«, gestand er.

Der Minuten-Vater lächelte und sagte : »Ich habe den Eindruck, daß Sie es vielleicht schon bald tun werden. Je häufiger Sie sich dazu aufraffen, desto besser wird sich Ihr Sohn entwickeln.«

»Ist das nun der Grund dafür, warum es so wichtig ist, die Kinder mit Anerkennung zu überraschen, wenn sie etwas richtig machen?« fragte der Besucher.

»Weil durch unser Lob das Positive, das in ihnen steckt, geweckt wird?«

»Genauso ist es. Wir müssen uns nur daran gewöhnen zu akzeptieren, daß Kinder ihren gesunden Menschenverstand benutzen und die richtigen Entscheidungen treffen können, wenn wir sie durch unsere Anerkennung dafür belohnen.«

»Glauben Sie, daß Kinder wirklich dazu in der Lage sind, vernünftig zu entscheiden?«

»Ja, ich sehe es jeden Tag. Beobachten Sie doch das Verhalten Ihrer Kinder! Es geht ihnen genauso wie uns. Sie kommen sehr gut zurecht, wenn sie gelernt haben, ihrem Instinkt zu vertrauen.

Vor einiger Zeit wurde ein hochinteressanter Versuch durchgeführt, der verdeutlicht, wie gut Kinder wissen, was für sie am besten ist.

In einer Ganztagsschule wurde eine besondere Cafeteria eingerichtet, die in zwei Bereiche geteilt war. In der einen Hälfte gab es die von Kindern so heißgeliebten Naschereien und Schnellgerichte wie Eis, Pizza und Süßigkeiten. Die andere Hälfte der Cafeteria war mit sehr lecker zubereiteten, nahrhaften und gesunden Mahlzeiten bestückt, die Kinder aber üblicherweise nicht gerade mit Begeisterung essen.

Die Versuchsleiter, Psychologen und Soziologen, sagten den Kindern: ›Ihr könnt jeden Tag in diese Cafeteria kommen und essen, was ihr wollt. Es kostet euch und eure Eltern keinen Pfennig.‹«

»Ein besseres Angebot kann man sich nicht vorstellen«, sagte der junge Mann.

Der Minuten-Vater meinte lächelnd: »Das meine ich auch. Was glauben Sie, passierte, als die Kinder das erste Mal zum Essen in die Cafeteria kamen?«

Der junge Vater antwortete: »So wie ich Kinder kenne, haben sie sich bestimmt über die Schleckereien hergemacht und alles genommen, was sie bekommen konnten!«

»Genau, so war es.

Was meinen Sie, geschah wohl am nächsten Tag?«

»Bestimmt das gleiche«, antwortete der Besucher.

»Ja«, bestätigte der Vater. »Doch wie verhielten sich die Kinder wohl nach zwei Wochen? Was vermuten Sie?

Vergessen Sie nicht, daß die Kinder immer noch die freie Wahl hatten und soviel essen konnten, wie sie wollten«, fügte der Vater hinzu.

Der junge Mann sagte: »Ich weiß es nicht. Was geschah denn?«

»Es bildeten sich lange Warteschlangen vor den Tresen mit den gesunden Nahrungsmitteln. Die meisten Kinder konnten die Naschereien und Imbißbudengerichte nicht mehr ausstehen und wollten gesundes Essen. Sie wählten von sich aus die Dinge, die gut für sie waren!

Weil man es zugelassen hatte, daß die Kinder sich nach ihrer inneren Stimme und ihren Bedürfnissen richteten, verhielten sie sich in der Cafeteria so wie auch sonst im Leben: Sie wußten, was gut für sie war, und verlangten danach.

Das Problem liegt darin«, sagte der Minuten-Vater, »daß die meisten Eltern ihren Kindern solche Entscheidungen nicht zutrauen.«

»Daher mischen wir uns ein«, meinte der Besucher,

»und schreiben den Kindern vor, was sie zu tun haben.«

»So ist es. Und was ist die Folge?«

»Die Kinder treffen falsche Entscheidungen«, antwortete der junge Vater, »und wir müssen sie dann ständig kontrollieren und korrigieren.«

»Ja. Dabei verausgaben wir uns, und die Kindererziehung wird zur Strapaze. Das haben Sie sicher selbst auch schon erfahren.«

»Jetzt wird mir klar, warum die 1Minuten-Anerkennungen so gut funktionieren«, sagte der junge Vater. »Damit zeigen wir den Kindern, daß sie ihr Leben meistern, daß sie über eine gute Urteilsfähigkeit verfügen und fast alles schaffen können, wenn sie sich auf ihre eigenen Instinkte verlassen.«

»Gewiß möchten auch Sie nicht, daß Ihre Kinder zu wohlerzogenen Robotern werden«, meinte der Vater.

»Meine Kinder sollen eine gewisse Selbstsicherheit bekommen, die in ihnen den Wunsch weckt, sich vernünftig zu benehmen; nicht, weil es von ihnen erwartet wird, sondern weil sie selbst gemerkt haben, daß sie ihre Ziele auf diese Weise leichter erreichen.«

»Walt Disney beschrieb einmal sehr anschaulich, wie er sich das ›Idealkind‹ vorstellte. So mancher von uns wäre sicher gern selbst ein solches Kind gewesen oder hätte es gern in seiner Familie gehabt – ein selbstbewußtes, zielstrebiges und unbefangenes Kind, wie es heute so selten zu finden ist.

Walt Disney erzählte seinen Freunden gern diese Geschichte: ›Erinnert ihr euch noch an den kleinen Jungen, der davon träumte, in einer Zirkusparade mitzumarschieren? Als der Zirkus in die Stadt kam, fehlte ein Posaunist in der Kapelle. Der Junge meldete sich bei den Musikern und ließ sich eine Posaune geben. Beim Umzug durch die Stadt spielte er so schaurig auf dem Instrument, daß zwei alte Damen in Ohnmacht fielen und ein Pferd durchging. Der Kapellmeister schimpfte den Jungen aus und fragte: ›Warum hast du nicht gesagt, daß du gar nicht Posaune spielen kannst?‹ Darauf antwortete der Junge: ›Woher sollte ich das denn wissen? Ich habe es ja vorher nie versucht.‹«

Der junge Mann lachte.

»Dann«, fuhr der Vater fort, »erzählte Mr. Disney weiter: ›Vor vielen Jahren hätte ich vielleicht auch getan, was der Junge machte. Jetzt, als alter Mann mit grauem Haar, bin ich vielleicht etwas vernünftiger. Aber wenn ich auch nicht mehr der Jüngste bin, so möchte ich doch gern geistig so jung bleiben, daß ich keine Angst vor dem Versagen habe – so jung, daß ich ein Risiko eingehen und in einer Parade mitmarschieren kann.‹«

Nach einer kurzen Pause meinte der Vater: »Es wäre schön, wenn meine Kinder sich so verhalten würden. Und ich wünschte, auch ich hätte als Kind mehr Selbstvertrauen gehabt.«

»Wenn ich Sie richtig verstanden habe, meinen Sie, man sollte Kindern möglichst oft Erfolgserlebnisse vermitteln. Wenn die Kinder nicht selbst merken, daß sie etwas gut gemacht haben, sagen Sie es ihnen und geben ihnen ein 1Minuten-Lob.«

»Sie haben wirklich ein Talent, Ihre Gedanken sehr klar auszudrücken«, sagte der Vater. »Lassen Sie mich nur noch einen praktischen Hinweis ergänzen. Ich habe festgestellt, wenn ich die Kinder häufiger lobe als tadle, sind die Resultate am allerbesten.«

Der jüngere Vater dachte über das soeben Gehörte nach. Dann sagte er: »Was Sie aus Ihren Erfahrungen mit den Kindern gelernt haben, erinnert mich an die Lehre aus der Parabel vom Wind und der Sonne.«

»Welche Lehre meinen Sie?« fragte der Vater.

Es war dem Besucher aufgefallen, daß der Minuten-Vater immer bereit war, etwas Neues zu lernen.

»Der Wind und die Sonne stritten darüber, wer von beiden der Stärkere sei«, sagte der jüngere Mann. »Der Wind behauptete, er sei ganz eindeutig die überlegene Kraft. Er brüstete sich damit, daß er Bäume entwurzeln und ganze Städte zerstören könne, wenn er sich zu einem Hurrikan aufblies. Er könne Schiffe auf dem Meer tanzen lassen und sie auf den Boden des Ozeans versenken. Er sei eben die größte Kraft im Universum.

Die Sonne antwortete ruhig und gefaßt: ›Kann schon sein.‹

Der Wind gab sich damit noch nicht zufrieden. Er sagte: ›Natürlich bin ich stärker als du. Ich werde es dir beweisen. Laß uns einen Wettkampf austragen und über die Sache entscheiden.‹ Die Sonne war einverstanden.

Der Wind sah sich um und sagte: ›Siehst du den alten Mann dort unten auf der Straße? Wir wollen sehen, wer von uns stärker ist. Ich werde dem Mann gleich den Hut und den Mantel wegpusten! Paß mal auf!‹

Die Sonne lächelte nur ein wenig spöttisch, als der Wind losheulte. Der Mann auf der Straße nahm seinen Hut ab und hielt ihn fest in der Hand. Der Wind wurde stärker. Da zog der Mann den Mantel enger um sich. Je kräftiger der Wind pustete, desto fester umklammerte der alte Mann seinen Hut und Mantel.

Der Wind tobte über zehn Minuten. Dann gab er auf.

Die Sonne kam jetzt hinter den Wolken hervor, und der alte Mann fing an zu schwitzen. Er blinzelte in die Sonne. Ihm wurde sehr warm. Es dauerte nicht mal fünf Minuten, bis er ...«

Der Minuten-Vater lachte und beendete den Satz: »... seinen Hut abnahm und den Mantel auszog!«

»Richtig«, sagte der junge Mann und verschmitzt lächelnd fügte er hinzu: »Es dauerte nur ein paar Minuten, das gewünschte Ergebnis zu erzielen.«

»Diese Geschichte gefällt mir«, meinte der Minuten-Vater, »denn sie verdeutlicht, wie man auf schnellstem Weg die angestrebten Ziele erreichen kann.«

»Ich dachte mir, daß Sie daran Spaß haben würden«, sagte der junge Mann. »Diese Stelle bietet sich geradezu an, zum 1Minuten-Tadel überzugehen.«

»Aber gern«, erwiderte der Vater.

»Wissen Sie, die Parabel vom Wind und der Sonne erinnert mich daran, wie ich früher manchmal mit den Kindern geschimpft habe. Es muß für sie so gewesen sein, als ginge ein Donnerwetter nieder. Dabei mußten die Kinder das Gefühl haben, sie selbst seien schlecht und würden von mir nicht akzeptiert.

Und je mehr ich wetterte, desto mehr verfestigte sich ihr schlechtes Benehmen.

Eines verstehe ich nicht«, sagte der jüngere Vater. »Sie geben doch Ihren Kindern auch 1Minuten-Tadel und behaupten, damit gute Erfahrungen gemacht zu haben. Ich hätte gedacht, die Kinder würden sich dabei auch gegen Sie auflehnen. Warum funktioniert denn der 1Minuten-Tadel eigentlich so gut?«

Warum der 1Minuten-Tadel funktioniert

»Der 1Minuten-Tadel ist eine einfache, aber wirksame Methode, meinen Kindern sowohl Disziplin beizubringen als auch Liebe zu geben.

Wenn Probleme auftreten, was ja immer wieder der Fall ist, dann ist der Tadel sehr praktisch, um sofort in angemessener Weise zu reagieren.

Ich meine, daß es falsch ist, Ungezogenheiten der Kinder hinzunehmen oder unangemessenes Verhalten zu tolerieren«, sagte der Vater. »Ich habe das niemals getan, weder zu Hause noch im Beruf. Doch wenn meine Kinder im Spiel waren, machte ich die Dinge nur noch schlimmer.«

»So ist es zur Zeit in meiner Familie«, meinte der jüngere Vater. »Ich bin auch der Meinung, daß man den Kindern nicht alles durchgehen lassen kann. Doch wenn ich etwas dagegen unternehme, wird das Verhalten der Kinder trotzdem nicht besser, im Gegenteil: Häufig sind sie mir regelrecht böse, und manchmal wendet sich dann meine Frau auch noch gegen mich.«

»Ich würde sagen«, meinte der Minuten-Vater, »Ihre Familie lehnt sich auf gegen die Art, wie Sie reagieren.«

Und lächelnd fügte er hinzu: »Das erinnert mich an meine eigene Situation.«

»Ihre Situation?« wunderte sich der junge Mann.

»Ja, ich habe oft furchtbar getobt. Ich schrie die Kinder an und verprügelte sie.«

»Und das hat nicht geholfen?« fragte der jüngere Vater.

»Nein, es wurde alles nur noch schlimmer.

Inzwischen weiß ich, daß alle Menschen sich ziemlich ähnlich verhalten. Es ist kein Unterschied, ob Sie oder Ihre Frau mit den Kindern schimpfen, oder ob ich meine Kinder schelte. Niemand mag geschimpft und persönlich angegriffen werden. Und das ist einer der wichtigsten Gründe, warum der 1Minuten-Tadel so gut funktioniert:

*

Wenn ich meinen Kindern
einen 1Minuten-Tadel gebe,
schämen sie sich wegen ihres Verhaltens,
doch sie fühlen sich nicht persönlich
angegriffen.

*

»Aber soll es denn so sein, daß die Kinder sich schämen?«

»Solange sie sich nur wegen ihres Verhaltens schlecht fühlen, ist das in Ordnung. Ja, ich *möchte* sogar, daß sie sich während des Tadels schämen«, sagte der Vater.

In diesem Augenblick kam die siebenjährige Tochter herein und sagte: »Darf ich mal unterbrechen, Papa? Ich wollte nur fragen, ob es dich stört, wenn ich draußen Skateboard fahre?«

»Nein, mein Schatz«, antwortete der Minuten-Vater. »Aber es ist naß draußen. Sei vorsichtig und paß auf.«

Die beiden Väter setzten ihr Gespräch fort.

»Sie meinen also, die Kinder sollten die Konsequenzen ihres Verhaltens spüren.«

»Auf jeden Fall!« sagte der Vater. »Der Tadel ist deshalb so wirksam, weil er die direkte Konsequenz für ihr Fehlverhalten ist.

Nach allem, was ich über Disziplinierung weiß, sind wirksame Strafen immer *unangenehm und lehrreich* zugleich. Das weiß ich aus eigener Erfahrung, und auch Fachleute bestätigten mir: Wenn Tadel nur negativ oder erzieherisch ist, nützt er nichts.«

»Für meine Kinder waren Zurechtweisungen bisher nur unangenehm«, sagte der junge Mann. Dann lachte er: »Zumindest habe ich den ersten Teil des Tadels immer recht gut gemacht!«

Der Vater lachte mit ihm: »Sehen Sie, jetzt werden auch Sie schon ein Minuten-Vater.«

»Wie meinen Sie das?« fragte der junge Mann.

»Sie lachen bereits über Ihre eigenen Fehler. Das ist sehr wichtig und erleichtert das Vatersein. Ich will Ihnen sagen, warum der Minuten-Tadel, so wie ich ihn praktiziere, besonders gut wirkt:

*

Ich disziplinere meine Kinder mit Liebe.

*

»Das Schlüsselwort ist *Liebe*«, betonte der Vater. »Ich tadle meine Kinder nicht nur, sondern ich zeige ihnen auch, wie sehr ich sie liebe.

Wenn ich dem Kind sehr deutlich in etwa einer Minute sage, *was* es getan hat und *wie* ich mich deshalb fühle, dann zeige ich ihm meine Liebe. Ich mache keine große Affäre aus der Sache und vermeide es, das Kind zu verletzen. Ich sage, daß ich von seinem Verhalten enttäuscht bin – nicht von ihm selbst.

Es ist ein Ausdruck von Liebe, den Tadel möglichst kurz zu fassen, zwischendurch tief Luft zu holen und daran zu denken, daß man dem Kind etwas Gutes tun will. Ich stehe immer zu meinem Sohn oder meiner Tochter, was auch geschehen mag.«

Der jüngere Mann hörte zu. Er konnte sich gut vorstellen, wie sich die Kinder dieses Vaters fühlten.

»Der zweite Teil des 1Minuten-Tadels ist entscheidend. Indem ich meine Kinder daran erinnere, daß sie eigentlich viel besser sind, als ihr Verhalten vermuten läßt, zeige ich ihnen meine Wertschätzung und Liebe.

Am Anfang war es gar nicht leicht für mich, der Kritik an den Kindern eine positive Wendung zu geben, insbesondere wenn ich sehr wütend war«, sagte der Vater. »Doch seitdem ich ihnen auch zeige, daß ich sie liebhabe, auch wenn sie eine schlimme Dummheit gemacht haben, ist alles anders geworden. Meine Familie ...«

Der Vater wurde unterbrochen. Vor dem Haus weinte ein Kind. Seine kleine Tochter war hingefallen.

Er sprang auf und sah aus dem Fenster: Seine Tochter rappelte sich langsam auf; sie blutete ein wenig, aber sonst war nichts passiert. Er setzte sich wieder und wartete auf sie. Diese Reaktion überraschte den Besucher. Der Vater kümmerte sich scheinbar gar nicht um das Kind.

Dann kam das kleine Mädchen weinend herein. Der Vater sagte nichts. Er ließ sie weinen. Als sie sich beruhigt hatte, fragte er: »Bist du verletzt?«

»Ja«, sagte sie, »ich hab mir den Ellenbogen aufgeschlagen, aber nicht schlimm.«

Der Vater tröstete sie nicht, nahm sie nicht in den Arm, sondern fragte nur: »Möchtest du heute nochmal Skateboard fahren, mein Schatz – auf dem nassen Asphalt und ohne Armschützer?«

Der Besucher fand den Vater zu hart. Er selbst wäre nach draußen gelaufen, hätte das Kind aufgehoben, ins Haus getragen und seine Wunde verarztet.

Das kleine Mädchen sagte leise: »Nein.«

Der Vater erwiderte: »Nein? Was machst du denn beim nächsten Mal?« Verlegen schaute das Kind auf den Boden.

Dann lächelte der Vater, schaute sie verschmitzt an und fragte: »Bist du dir sicher, daß du nicht mehr nach draußen gehen möchtest, um noch ein bißchen auf der nassen Straße Skateboard zu fahren – ohne Arm- und Knieschützer?«

Mit ihrem tränenverschmierten Gesichtchen fing sie an zu lachen und antwortete: »Nein, Papa! Das wäre doch blöd.«

»Allerdings! Und du bist nicht dumm. Du bist klug.« Dann nahm er seine Tochter in den Arm und drückte sie an sich. Gleich darauf ging sie wieder aus dem Zimmer.

Der Minuten-Vater seufzte erleichtert: »Zum Glück hat sie sich nicht ernsthaft wehgetan.«

Der Besucher meinte: »Ehrlich gesagt, im ersten Moment fand ich Sie ein bißchen zu streng. Ein weinendes kleines Mädchen behandelt man normalerweise nicht so abweisend und kühl.«

»Sie haben recht«, stimmte der Vater zu. »Ich war recht streng mit ihr. Aber ich habe noch etwas anderes, viel Wichtigeres getan: Sie konnte daraus lernen, wie man auf sich selbst besser acht gibt. Meiner Meinung nach kann man das nicht früh genug lernen. Ich finde es sehr wichtig, daß Kinder ihre Urteilsfähigkeit üben, daß sie lernen, bestimmte Situationen einzuschätzen und daraus Schlüsse zu ziehen.«

Der Vater erklärte weiter: »Ich versuche, meinen Kindern so oft wie möglich Gelegenheiten zu geben, aus ihren eigenen Erfahrungen zu lernen. In der Regel halte ich mich an das Prinzip, daß sie tun dürfen, wozu sie ihrer Meinung nach in der Lage sind. Ich meine, Kinder müssen nicht ständig behütet, beschützt und überwacht werden. Kurz gesagt, ich behandle sie so, als seien sie nahezu erwachsene und fähige junge Menschen.

Nur in seltenen Fällen, wenn ich feststelle, daß sie noch nicht fähig sind, auf sich selbst aufzupassen, oder sie nicht selbst merken, wenn sie etwas Verkehrtes tun, gebe ich ihnen einen 1Minuten-Tadel. Der Tadel ist eigentlich nur ein Mittel, um die Kinder ihre Fehler spüren zu lassen. Sie lernen dadurch bereits frühzeitig – solange sie noch in der geschützten häuslichen Atmosphäre leben – die negativen Konsequenzen bestimmter Verhaltensweisen kennen.

Ein weiterer Vorteil des Minuten-Tadels ist auch,« sagte der Vater, »daß ich sofort auf Fehler reagieren kann – bevor etwas schiefgeht.«

»Das erinnert mich an die Überwachung der Rakete Apollo bei ihrem ersten Flug zum Mond«, sagte der jüngere Vater. »Sie war oft nicht auf dem richtigen Kurs.«

»Ist das wahr?« fragte der ältere Vater verwundert.

Der junge Mann nickte. Daraufhin meinte der Minuten-Vater: »Das ist ja unglaublich, wenn man sich überlegt, daß die Apollo ihre Mission so erfolgreich beendete. Ich kann mich noch daran erinnern, wie ich mich darüber gefreut habe, daß der Flug zum Mond gelungen war. Aber ich verstehe nicht, wo Sie den Zusammenhang mit dem 1Minuten-Tadel sehen.«

»Der Apollo-Flug konnte nur deshalb ein Erfolg werden, weil er dauernd überwacht und kontrolliert wurde. Jedesmal, wenn das Raumschiff ein paar Grad vom Kurs abwich, wurde die Richtung korrigiert.«

»Und dadurch war gewährleistet«, sagte der Minuten-Vater, »daß die Kursabweichungen niemals zu groß wurden.«

»Genau«, erwiderte der jüngere Vater. »Darum gab es keine irreparablen Abweichungen. Die Probleme wurden im Anfangsstadium gelöst, solange sie noch leicht zu beheben waren.«

Für den jungen Vater war es eine Freude, auf einmal sein Wissen zeigen zu können. Jetzt fühlte er sich ein bißchen überlegen. Er merkte, daß er mehr Fähigkeiten besaß, als er sich bisher zugetraut hatte.

Während er diesen Gedanken nachging, überlegte er auch, wie er seine neuen Kenntnisse bei der Erziehung seiner Kinder anwenden könnte.

Der ältere Mann ließ ihn in Ruhe nachdenken. Nach einer Weile sagte er: »Sie scheinen ein gutes Gespür für die rechtzeitige Lösung von Problemen zu haben – solange die Schwierigkeiten noch kontrollierbar sind. Und dann fragen Sie mich noch, warum der 1Minuten-Tadel so gut funktioniert?«

Er schaute den jungen Mann an und meinte: »Erinnern Sie sich daran, was ich Ihnen zu Beginn Ihres Besuches sagte – daß Sie die Antworten schon kennen? Daß Sie Ihr intuitives Wissen nur noch nicht in die Praxis umgesetzt haben? Gerade eben haben Sie demonstriert, was ich sagen wollte.

Schon seit ewigen Zeiten erziehen Mann und Frau ihre Kinder. In vielerlei Hinsicht tun die Eltern instinktiv das Richtige: Sie zeigen den Kindern klar und deutlich, was sie von ihnen erwarten; sie loben ihre Kinder und wenn nötig, tadeln sie sie – ohne sie zu verprügeln.

Der 1Minuten-Tadel bringt gute Ergebnisse, weil er den folgenden Grundsatz berücksichtigt:

*

Das Selbstbild
meiner Kinder
ist entscheidend –
nicht, was ich
über meine Kinder denke.

*

Dann stellte der Vater eine Reihe von sehr interessanten Fragen: »Wäre es nicht wünschenswert, wenn jedes meiner Kinder davon überzeugt wäre, daß es wirklich ein guter und wertvoller Mensch ist? Sollten die Kinder nicht lernen, Enttäuschung und Ärger gegenüber anderen Menschen ehrlich, aber nicht verletzend zum Ausdruck zu bringen, etwa durch einen 1Minuten-Tadel?

Was meinen Sie, besteht die Gefahr, daß Kinder, die so erzogen wurden, ein Problem für die Gesellschaft werden? Werden sie Straftaten verüben? Fangen sie später Krieg an? Neigen sie vielleicht dazu, Menschen zu verletzen?«

Der junge Vater antwortete: »Nein, ich glaube, sie entwickeln sich zu ausgeglichenen und friedfertigen Menschen.«

»Ich möchte Ihnen zustimmen«, sagte der ältere Vater. »Doch sehen Sie auch, wie viele Eltern ihre Kinder beispielsweise beim Einkaufen im Supermarkt behandeln?«

Der Besucher antwortete: »Meinen Sie, wenn Kinder unartig sind? Ich habe die verschiedensten Reaktionen bei Eltern beobachtet. Am deutlichsten erinnere ich mich jedoch an jene, die ihr Kind anschreien, ihm sagen, wie böse es sei; die es schlagen oder drohen, es im Supermarkt zurückzulassen.«

»Stimmt«, sagte der Vater. »Zwar verliert jeder Vater manchmal die Geduld mit den Kindern, doch können Sie sich vorstellen, wie das aus der Sicht des Kindes wirkt? Als würde ein Riese geringschätzig auf uns herabschauen und uns mit Worten zunichte machen.

Wenn sich solche Szenen zwischen Erwachsenen abspielten, würde bestimmt die Polizei geholt. Was tun wir aber, wenn ein hilfloses Kind so mißhandelt wird?«

»Nichts«, meinte der Besucher. »Leider muß ich zugeben, daß ich selbst meine Kinder schon zu oft angebrüllt habe und dabei viel zu weit gegangen bin.«

Der Minuten-Vater sagte: »Das haben wir alle schon getan. Ich weiß noch genau, bevor ich den 1Minuten-Tadel kannte, standen mein ältester Sohn und ich auf Kriegsfuß. Ich hatte so viel Ärger und Wut in mir – manchmal passierte es dann, daß plötzlich alle aufgestauten negativen Gefühle zum Ausbruch kamen. Gewöhnlich dauerte es dann auch nicht lange, bis der Junge es mir heimzahlte.

Und dann heißt es immer, warum sind manche Kinder bloß so aggressiv? Die Statistiken belegen, daß Gewaltdelikte unter Jugendlichen am häufigsten sind. «

»Das erinnert mich an etwas«, sagte der jüngere Vater. »Vor kurzem berichtete ein Gefängnisaufseher im Fernsehen, daß die Zahl der Strafgefangenen weit niedriger wäre, gäbe es weniger mißhandelte Kinder.«

Der Minuten-Vater antwortete nicht. Er dachte über die Bemerkung des Besuchers nach und überlegte, was wohl geschehen wäre, wenn er keine bessere Erziehungsmethode kennengelernt hätte. Man kann sich als Vater nicht vorstellen, daß die eigenen Kinder auf die schiefe Bahn geraten könnten, aber ...

»Wollen Sie damit sagen«, fuhr der junge Mann fort, »daß sich Ihre gewaltlose Erziehungsmethode im privaten und gesellschaftlichen Bereich positiv auswirkt? Wenn alle Eltern ihre Kinder auf diese Weise erzögen, gäbe es also weniger jugendliche Straftäter.«

»Und in den Familien würden die Beziehungen zwischen Eltern und Kindern besser. Der 1Minuten-Tadel funktioniert so gut, weil er Bestandteil eines umfassenden Kommunikationssystems ist. Wenn wir uns 1Minuten-Ziele setzen, 1Minuten-Lob geben und den

1Minuten-Tadel anwenden, helfen wir unseren Kindern, ein gesundes Selbstwertgefühl aufzubauen.«

»Allmählich«, meinte der junge Vater, »bin ich davon überzeugt, daß ich das Minuten-Prinzip auch in meiner Familie mit Erfolg einsetzen kann.«

»Ich versichere Ihnen, es funktioniert!« entgegnete der Minuten-Vater. »Sie müssen nur Ihre neuen Einsichten befolgen. Es ist eine ziemliche Herausforderung, alte Gewohnheiten zu ändern, doch Sie werden dafür schon bald belohnt werden.

Und vergessen Sie nicht«, fügte er hinzu, »daß diese drei Kommunikationsvarianten nur einen kleinen Teil unserer Aufgaben als Väter abdecken. Um ein guter Vater zu sein, bedarf es mehr als nur einer Minute, die man gelegentlich einmal seinen Kindern widmet. Das Minuten-System ist uns dabei jedoch eine sehr große Hilfe.

Was unsere übrigen Erziehungsaufgaben angeht«, ergänzte der Vater, »halten Sie sich vielleicht am besten an eine alte Faustregel, nach der ich mich auch richte. Sie wird Ihnen in vielen Fällen gute Dienste leisten.«

»Welche Faustregel meinen Sie?« wollte der junge Vater wissen.

»Ich behandle meine Kinder genauso, wie ich selbst behandelt werden möchte.«

Der Besucher sagte: »Ich glaube, jetzt weiß ich, warum der Minuten-Tadel so gut funktioniert. Im Grunde ist er nichts anderes als die Goldene Regel: ›Tue deinem Nächsten, was du von ihm erwartest.‹

Wir alle machen Fehler«, bemerkte der junge Mann. »Und wir wünschen uns, daß jemand, der uns wirklich liebt, uns auch kritisiert, wenn wir uns nicht gut verhalten, ohne daß wir dabei persönlich angegriffen werden.«

Plötzlich hörte der Besucher das Geräusch eines sich nähernden Modellflugzeugs. Kurz darauf kam der jüngste Sohn des Vaters an die Tür und sagte: »Darf ich euch mal kurz unterbrechen, Papa?«

Der Vater ließ den Jungen hereinkommen, und dann reparierte er ihm das Flugzeug.

Der Junge bedankte sich und zog wieder ab. Dann wandte sich der Vater wieder dem Besucher zu und sagte: »Wissen Sie, wir beide sind dem Modellflugzeug meines Sohnes sehr ähnlich.«

»Was meinen Sie damit?« fragte der junge Mann.

»Wir sind unseren Töchtern und Söhnen Modelle – Vorbilder. Beobachten spielt bei Kindern eine größere Rolle als das Zuhören. Wenn sie sehen, daß wir bei einem Tadel wütend oder traurig sind (oder was immer unser Gefühl ist), dann merken sie, daß es ganz in Ordnung ist, seine Gefühle auszudrücken. – Sogar ein Mann kann seine Gefühle zeigen.«

»Es gibt also viele Gründe«, sagte der junge Vater, »warum eine scheinbar sehr einfache Methode wie der 1Minuten-Tadel so wirksam ist. Kinder können dabei noch viel mehr lernen als nur bestimmte Verhaltensweisen – sie lernen sich selbst kennen.«

»Sie haben das Prinzip wirklich erfaßt«, erwiderte der Minuten-Vater. Es freute ihn, daß der junge Mann ihn besucht hatte.

Wie man ein 1Minuten-Vater wird

Der junge Mann schüttelte zweifelnd den Kopf und sagte: »Ich weiß nicht ... ob ich es schaffe. Es fällt mir immer sehr schwer, Menschen, die mir nahestehen, zu berühren und zu sagen: ›Ich habe dich lieb‹.«

Der Vater lachte und antwortete: »Ich habe nicht behauptet, es sei einfach!« Dann überlegte er einen Moment und sagte: »Ich erinnere mich deutlich daran, als ich anfing, das 1Minuten-System anzuwenden. Ich war ziemlich verunsichert und machte mir Sorgen, ob ich es schaffen könnte.

Plötzlich wurde mir jedoch bewußt, daß ich mit meinen Kindern allein war und allein die Verantwortung für ihre Erziehung trug. Zwei meiner fünf Kinder – ein Junge und ein Mädchen – waren bereits Teenager und besonders schwierig. Sie fühlten sich in ihrer Haut nicht wohl, und ich wußte auch nicht so recht, wie ich mich verhalten sollte.«

»Was haben Sie gemacht?« fragte der Besucher.

Der Minuten-Vater erwiderte: »Ich habe mir die Alternativen angeschaut.«

»Was waren denn die Alternativen?« fragte der junge Mann.«

»Sagen Sie doch selbst«, entgegnete der Vater, »was sind Ihre Alternativen?«

»Na ja, entweder ich tue nichts und alles bleibt beim alten, oder ich versuche etwas Neues.«

»Was glauben Sie«, fragte der Vater, »wird aus Ihren Kindern und Ihrer Frau, wenn Sie die erste der beiden Alternativen wählen?«

Der junge Vater lachte: »Ich fürchte, nichts Gutes.«

»Was werden Sie also tun?« fragte der Vater.

Der junge Mann überlegte kurz und murmelte dann leise: »Ich glaube, ich werde es versuchen.«

Da beugte sich der Minuten-Vater vor und sagte betont laut und deutlich: »*Was* wollen Sie versuchen?«

Jetzt mußte der jüngere Vater lachen. »Ich war wohl etwas zu zaghaft«, meinte er.

Der Minuten-Vater antwortete: »Sie sollten sich keine unnötigen Sorgen machen. Bemühen Sie sich nicht krampfhaft, perfekt zu sein. Haben Sie keine Angst, auch mal Fehler zu machen. Das Wichtigste ist, daß Sie jetzt tun, was Ihrer Überzeugung nach richtig ist!«

Dann stand der junge Vater auf. Mit einem festen Händedruck bedankte er sich für das Gespräch und versprach, er werde ihm berichten, wie die Dinge sich in seiner Familie entwickelten.

Der neue 1Minuten-Vater

Am frühen Abend kehrte der junge Vater nach Hause zurück. Seine Frau hatte schon ungeduldig auf ihn gewartet. Sie fragte neugierig: »Nun, was hast du herausgefunden?«

Der junge Vater lächelte: »Du wirst es nicht glauben, ich konnte es zuerst auch nicht fassen. Was er mir erzählte, wußte ich alles schon. Aber er hat etwas Besonderes daraus gemacht. Er entwickelte für sich ein neues, dreiteiliges Kommunikations- und Erziehungskonzept – eine sehr effektive, direkte Form, mit Kindern umzugehen. Offensichtlich wirkt seine Methode.«

»Ich bin erst davon überzeugt«, antwortete seine Frau, »wenn ich sehe, daß sie funktioniert. Aber es interessiert mich, mehr darüber zu erfahren.«

Bei einer Kanne Kaffee diskutierten und redeten die beiden Eltern dann bis spät in die Nacht. Die junge Mutter war vom 1Minuten-System beeindruckt. Sie und ihr Mann hatten vorher auch schon ähnliche Überlegungen angestellt, doch sie wußten nicht, wie sie ihre Gedanken in die Tat umsetzen sollten.

»Ich sehe nur noch eine Schwierigkeit bei der ganzen Sache«, meinte die Mutter.

»Irgendwie finde ich es nicht richtig, von einem 1Minuten-Vater oder einer 1Minuten-Mutter zu sprechen. Eltern sollten doch mehr als nur eine Minute Zeit für ihre Kinder übrig haben.«

Der junge Vater stimmte ihr zu: »Genau das sagte der 1Minuten-Vater zu mir, als ich mich verabschiedete. Das 1Minuten-System soll uns nur die Möglichkeit verschaffen, für andere wichtige Dinge, die wir mit unseren Kindern zusammen tun möchten, Zeit zu haben. Und das gefällt mir so gut an dieser Idee. Ich habe noch viel mit unseren Kindern vor.«

Seine Frau dachte nach. »Ja, so möchte ich es auch verstehen.« Dann sah sie ihren Ehemann an und fügte hinzu: »Vielleicht haben wir dann auch mehr Zeit für uns.«

Schon am nächsten Tag fing der junge Vater an, die neue Erziehungsmethode anzuwenden. Zuerst war es nicht einfach. Er fühlte sich unbeholfen und die Kinder verstanden ihn nicht immer. Doch mit der Unterstützung seiner Frau geschah das Unvermeidliche:

Er wurde ein 1Minuten-Vater, weil es ihm gelang, das 1Minuten-System erfolgreich anzuwenden:

Er setzte 1Minuten-Ziele.
Er praktizierte das 1Minuten-Lob.
Er nutzte den 1Minuten-Tadel.

Er nahm seine Kinder in den Arm und sagte ihnen ehrlich und offen, was er fühlte; er lachte auch über seine eigenen Fehler.

Und – das vielleicht Wichtigste – er ermutigte seine Kinder, sich ebenso zu verhalten.

Er arbeitete schließlich eine Zusammenfassung des 1Minuten-Prinzips aus – einen »Spielplan«, wie er sagte. Jedem Kind gab er eine Kopie davon, um es stets daran erinnern zu können, daß das Leben ein einmaliges und kostbares Abenteuer ist, das man ernst nehmen und respektieren muß, daß es aber auch ein Spiel ist, an dem man Spaß und Freude haben sollte.

Der »Spielplan« des 1Minuten-Vaters

Ich lehre meine Kinder,
sich selbst zu mögen, und
sich aus eigenem Antrieb
um gutes Verhalten zu bemühen.
Ich freue mich darüber,
daß meine Kinder sich positiv entwickeln.

Ich gebe Ziele vor, lobe und tadle.
Ich sage immer die Wahrheit und zeige offen meine Gefühle.
Ich nehme meine Kinder oft in die Arme und
lache viel mit ihnen.

ICH ERMUTIGE MEINE KINDER, DIES AUCH ZU TUN.

Spielplan

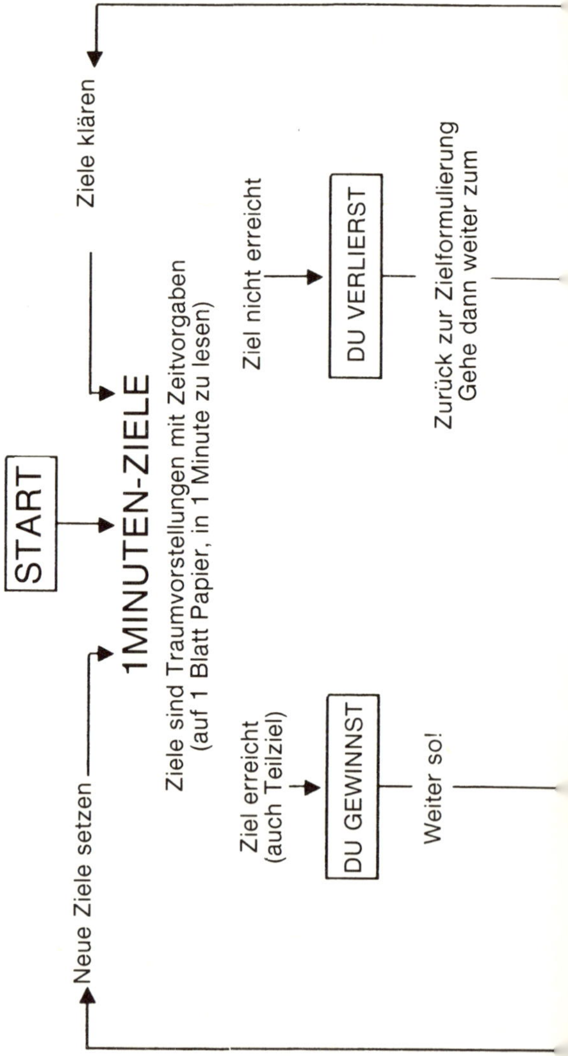
START
1MINUTEN-ZIELE
Ziele sind Traumvorstellungen mit Zeitvorgaben
(auf 1 Blatt Papier, in 1 Minute zu lesen)
Ziele klären
Neue Ziele setzen
Ziel erreicht
(auch Teilziel)
DU GEWINNST
Weiter so!
Ziel nicht erreicht
DU VERLIERST
Zurück zur Zielformulierung
Gehe dann weiter zum

Spielplan

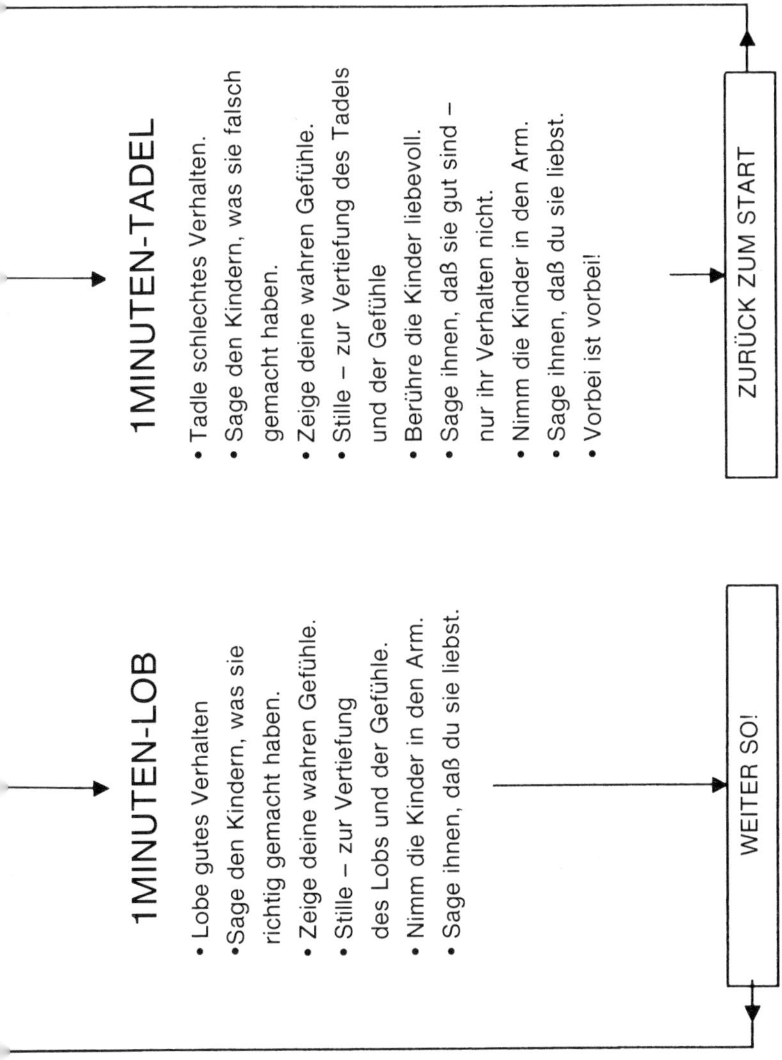
1MINUTEN-LOB
• Lobe gutes Verhalten
•Sage den Kindern, was sie richtig gemacht haben.
• Zeige deine wahren Gefühle.
• Stille – zur Vertiefung des Lobs und der Gefühle.
• Nimm die Kinder in den Arm.
• Sage ihnen, daß du sie liebst.
WEITER SO!
1MINUTEN-TADEL
• Tadle schlechtes Verhalten.
• Sage den Kindern, was sie falsch gemacht haben.
• Zeige deine wahren Gefühle.
• Stille – zur Vertiefung des Tadels und der Gefühle
• Berühre die Kinder liebevoll.
• Sage ihnen, daß sie gut sind – nur ihr Verhalten nicht.
• Nimm die Kinder in den Arm.
• Sage ihnen, daß du sie liebst.
• Vorbei ist vorbei!
ZURÜCK ZUM START

Ein Geschenk für Sie und Ihre Kinder

Viele Jahre später erinnerte sich der junge Vater an die Zeit, als er das erste Mal vom Prinzip der 1Minuten-Erziehung gehört hatte. Er war froh, daß er sich damals in sein kleines Buch notiert hatte, was er vom 1Minuten-Vater gelernt hatte. Vielen interessierten Eltern hatte er Kopien davon gemacht.

Er erinnerte sich an den Freund, der ihm damals von dem 1Minuten-Vater berichtet hatte. Auch er hatte eine Kopie bekommen und rief später sogar an. »Ich kann dir gar nicht genug danken. Ich wende das 1Minuten-System jetzt selbst an, und es gibt bereits enorme Verbesserungen in meiner Familie.«

Der Mann freute sich darüber, daß andere Väter diese wunderbare Erziehungsmethode übernommen hatten, und irgendwie befriedigte es ihn, daß sie – immerhin – seine Anleitung benutzten.

Es dauerte nicht lange, bis alle Eltern der Nachbarschaft 1Minuten-Eltern geworden waren. Einige der Eltern gaben die Notizen sogar schon an ihre ältesten Kinder weiter und diese wiederum an andere Kinder. Die Nachbarschaft wurde allmählich für alle ein angenehmerer Lebensraum.

Der neue 1Minuten-Vater wurde auch in anderen Bereichen sehr erfolgreich. Als er einmal nachmittags allein zu Hause war – in seinem neuen Haus – dachte er über den Verlauf dieser Entwicklung nach.

Er hatte gelernt, in allen Lebensbereichen bessere Ergebnisse in kürzerer Zeit zu erzielen. Er hatte mehr Zeit, über sein Leben nachzudenken – und mehr Zeit für seine Familie.

Er sorgte dafür, daß er körperlich fit blieb und eine gesunde Lebensweise einhielt.

Er litt nicht unter dem emotionalen und physischen Streß, der vielen anderen Vätern zu schaffen machte.

Er wußte, daß er länger und besser leben würde, weil er mit Streßsituationen besser umzugehen wußte.

Und er wußte, daß viele andere Eltern durch das 1Minuten-Konzept in den Genuß all dieser Vorteile gekommen waren.

Seine beiden Kinder entwickelten ein positives Selbstwertgefühl und hatten sich aus eigenem Antrieb gute Verhaltensweisen angeeignet. Es gab nicht mehr die Disziplinprobleme, mit denen viele andere Familien noch immer kämpften. Ja, seine Familie hatte noch mehr erreicht – sie war eine glückliche Familie geworden.

Er war tief in Gedanken versunken.

Er fühlte sich gut – als Mensch und als Vater. Der Einsatz für seine Familie hatte sich ausgezahlt. Sein Lohn waren die Liebe und Wertschätzung, die jedes einzelne Mitglied der Familie ihm entgegenbrachte.

Der Beweis dafür, daß er ein guter Vater geworden war, waren seine selbstbewußten, fröhlichen Kinder.

Und das Wichtigste war vielleicht, daß er mit sich selbst zufrieden war.

Ein Geschenk für andere

Plötzlich hörte er die Stimme seiner Frau. »Entschuldige, daß ich dich störe, Liebling. Am Telefon ist eine junge Frau, die gern hierher kommen möchte und mit uns darüber sprechen möchte, wie wir unsere Kinder erzogen haben.«

Seine Frau hatte beobachtet, wie er, der neue 1Minuten-Vater, mit den Kindern umging, und seit sie die guten Ergebnisse gesehen hatte, praktizierte sie die neue Methode ebenfalls. »Wenn du möchtest, rede ich auch mit ihr über meine Erfahrungen mit dem 1Minuten-System.«

Der Mann antwortete: »Würdest du das tun? Das wäre prima. Vielleicht könnten wir ihr erzählen, wie wir lernten, daß eine Mutter und ein Vater ein und dasselbe Erziehungsprinzip unterschiedlich anwenden und zu den gleichen Ergebnissen kommen.«

Der neue 1Minuten-Vater war erfreut. Er wußte, daß sich immer mehr Väter und Mütter bewußt um die Erziehung ihrer Kinder kümmern. Manche waren genauso wißbegierig wie er damals, als er begonnen hatte, seinen eigenen Erziehungsstil zu verändern.

Seine Familie war jetzt eine aktive und glückliche Familie. Sie hatten viel Freude miteinander. Die positive Atmosphäre war ansteckend für andere, mit denen sie zusammen kamen. Es war ein schönes Gefühl, in dieser Situation zu sein.

Kurze Zeit später sprachen er und seine Frau mit einer interessierten jungen Mutter. »Wir freuen uns, unsere Erkenntnisse mit Ihnen teilen zu können«, sagte der neue Minuten-Vater. »Ich habe nur eine Bitte an Sie.«

»Und die wäre?« fragte die Besucherin.

»Ganz einfach«, sagte der Vater:

*

Geben Sie es an andere weiter.

*

TEIL 2

DIE 1MINUTEN-MUTTER

Gewidmet

meiner Mutter
Madeline
und meinen Söhnen
Emerson und Cameron Johnson

Die Suche

Schon bald sollte die junge Frau ihr Kind bekommen. Fest hatte sie sich vorgenommen, eine gute Mutter zu werden. Deshalb suchte sie jemanden, der ihr aus eigener Erfahrung Rat und Hilfe geben konnte. Rechtzeitig wollte sie herausfinden, was das Geheimnis einer rundum erfolgreichen und glücklichen Erziehung sei.

Nach vielen Gesprächen mit ihrem Mann war sie zu dem Schluß gekommen, daß sie auf Kindererziehung und Elternschaft noch nicht genügend vorbereitet waren, und schon bald würden sie ein eigenes Kind haben!

Sie vereinbarten, daß zunächst jeder für sich über Vorschläge zur Lösung dieses Problems nachdenken sollte.

So ließ sich die junge Frau für die Zeit der Schwangerschaft von ihrem Arbeitgeber beurlauben und nutzte die Zeit für Gespräche mit bereits erfahrenen Müttern.

Sie sprach mit jüngeren und älteren Frauen, Hausfrauen und berufstätigen Frauen, mit Müttern mehrerer Kinder und Müttern von Einzelkindern, alleinstehenden und verheirateten Frauen, Müttern von Kleinkindern und von Teenagern, mit Frauen, die ihrer Aufgabe sehr verbissen nachgingen, und mit Frauen, die sich den Sinn für Humor nicht nehmen ließen. Dabei stellte sie fest, daß jede Mutter ihren eigenen Erziehungsstil hat.

Sie bemerkte, wie sehr sich Frauen für ihre Kinder einsetzten und bemühten.

Trotzdem war nicht zu übersehen, daß der Erfolg ihrer Anstrengungen nur sehr mäßig war. Viele Kinder zeigten nur Gleichgültigkeit oder waren frech und aufsässig. Die Eltern litten unter ständigem Streß, Sorgen und Enttäuschungen. Der jungen Frau gefiel das gar nicht, aber sie war dann überzeugt, daß es einen besseren Weg geben mußte: eine Erziehungsmethode, die eine liebevolle und fröhliche häusliche Atmosphäre schafft, in der sich Eltern und Kinder wohl fühlen und entfalten können.

Frauen, die ihre Kinder sehr streng erzogen, kamen der jungen Frau zu hart und lieblos vor. Aber gerade diese Frauen hinterließen den Eindruck von innerer Stärke und Konsequenz. Manche ihrer Freundinnen hielten sie für besonders gute Mütter – eine Annahme, die bei den Kindern wenig Zustimmung fand.

»Wie würden Sie sich als Mutter beschreiben?« gehörte zu den Standardfragen der Rat suchenden Mutter. – »Ich bin sehr altmodisch, was die Erziehung meiner Kinder angeht.« – »Ich halte am Altbewährten fest.«

Der Stolz auf das gute Benehmen ihrer Kinder war diesen Müttern deutlich anzumerken.

Ganz anders wirkten jene Mütter, die ihren Kindern gegenüber sehr viel nachgiebiger, liebevoller waren und ständig auf die Gefühle ihrer Kinder Rücksicht nahmen.

Diese so verständnisvollen Frauen strahlten Wärme aus. Ohne daß man mit ihnen näher bekannt war, konnte man diese Wärme spüren. Auch sie hatten den Ruf der »guten Mutter«, doch weniger im unmittelbaren Freundeskreis als bei anderen.

Die Kinder waren wieder anderer Meinung.

Die »lieben« Mütter antworteten auf die Frage »Wie würden Sie sich beschreiben?« mit »Ich bin eine moderne Mutter.« – »Verständnisvoll.« – »Ich helfe meinem Kind, sich selbst zu entfalten und seine Persönlichkeit zu entwickeln.«

Es war unverkennbar, daß diese Frauen stolz darauf waren, ihren Kindern die besten Voraussetzungen zur Selbstverwirklichung zu geben.

Die junge Frau war nach all diesen Begegnungen sehr verunsichert und ratlos. Sie gewann immer mehr den Eindruck, daß die Mütter einseitig orientiert waren und dementsprechend äußere Dinge wie tadelloses Verhalten, oder aber höhere Werte, wie die Entwicklung des kindlichen Selbstbewußtseins, überbewerteten.

Mütter, die in erster Linie auf das Benehmen ihrer Kinder achteten, wurden als ›autoritär‹ bezeichnet, während jene Frauen, die sich mehr Gedanken um die Gefühle ihrer Kinder machten, als großzügig und ›liberal‹ galten.

Die junge Frau war der Meinung, daß beide, die autoritären und die liberalen Mütter, nur teilweise erfolgreich waren. Sicherlich wollten beide das Beste für die Kinder, und doch wurde jede nur zur Hälfte ihrer Erziehungsaufgabe gerecht; zumindest kam es der jungen Mutter so vor.

Sie suchte weiter in den benachbarten Orten – jedoch ohne Erfolg. Entmutigt und müde kehrte sie nach Hause zurück. Ihre Suche nach der Mutter ihrer Vorstellung hätte sie bestimmt längst aufgegeben, wenn sie nicht so genau gewußt hätte, was sie suchte:

»Eine wirklich gute Mutter schafft es irgendwie, beide Seiten – die eher äußerlichen Notwendigkeiten sowie die inneren Werte einzubeziehen. Sie versteht es, ihren Kindern Selbstbewußtsein *und* positives soziales Verhalten beizubringen. Und es gelingt ihr, an der Erziehung ihrer Kinder *selbst* Freude zu haben«, meinte sie einmal gegenüber ihrem Mann.

Nach einigen Wochen wurde der jungen Frau zufällig die Geschichte einer ungewöhnlichen älteren Frau zugetragen, die nicht nur bei der Erziehung ihrer Kinder sehr erfolgreich, sondern trotz ihres Alters überaus aktiv und lebensfroh war und für die verschiedensten Dinge Zeit und Interesse hatte.

Die junge Frau wurde neugierig, als sie erfuhr, daß hinter dem persönlichen und erzieherischen Erfolg jener Mutter eine unglaublich einfache und wirksame Erziehungsmethode steckte. Drei Mädchen sollte sie aufgezogen haben, die sich zu ausgeglichenen und glücklichen jungen Frauen entwickelt hatten und selbst bereits Mütter waren. Natürlich wandten auch sie mit großem Erfolg die gleiche Erziehungsmethode wie ihre Mutter an.

Die junge Frau wollte herausfinden, was es damit wohl auf sich hatte, ob diese Mutter ihr das Geheimnis ihrer Erziehungsmethode verraten würde.

So rief sie jene Frau einfach an: »Ich habe gehört, daß Sie eine sehr wirkungsvolle Erziehungsmethode entwickelt haben«, sagte die junge Frau. »Dürfte ich Sie vielleicht einmal besuchen und mit Ihnen darüber sprechen?«

»Aber gern«, erwiderte die Mutter, »es ehrt mich, daß Sie danach fragen. Sie können mich jederzeit besuchen.«

Die 1Minuten-Mutter

Als die junge Frau vor dem Hause der so erfolgreichen Mutter stand, erwartete sie, eine ältere Dame kennenzulernen. Statt dessen wurde sie aber von einer sehr attraktiven, lebhaften Frau begrüßt, die wesentlich jünger aussah, als sie wirklich war. Die schwangere junge Frau dachte: »Hat ihr Aussehen vielleicht etwas mit ihrer Erziehungsmethode zu tun?«

Nachdem die beiden Frauen es sich bei einer Tasse Tee gemütlich gemacht hatten, fragte die Mutter: »Nun, wie kann ich Ihnen helfen?«

Die junge Frau sagte zögernd: »Ich hörte, daß Sie bei der Erziehung Ihrer Kinder mit Hilfe einer ganz besonderen Methode Hervorragendes geleistet haben.«

Die Mutter lächelte: »Ich bin sehr stolz auf meine Kinder, das gebe ich zu. Sie sind erfolgreiche und glückliche Menschen geworden.«

Allmählich wurde das Gespräch lockerer und die junge Frau fragte: »Würde es Sie stören, wenn ich mir während unseres Gesprächs ein paar Notizen mache?«

Die Mutter lachte und antwortete: »Nein, überhaupt nicht – das heißt, solange Sie berücksichtigen, daß auch ich nicht alle Erziehungsfragen beantworten kann und nie eine perfekte Mutter war. Ich habe nur ein paar kleine Geheimnisse entdeckt«, meinte die Mutter, »die dann sehr große Wirkung hatten.«

Die Besucherin konnte es kaum abwarten, Genaueres zu erfahren. »Könnten wir vielleicht mit dem Thema der Disziplin anfangen?« fragte sie. »Mir wurde von vielen Eltern berichtet, daß das eine der größten Schwierigkeiten ist. Wie haben Sie Ihre Kinder zurechtgewiesen?«

Die Mutter lächelte und sagte: »Ich habe meine Kinder nie bestraft. Ich habe ihnen nur geholfen, Selbstdisziplin zu erlernen, und dadurch war die Erziehung meiner Kinder viel weniger anstrengend für mich.«

Die junge Frau war verblüfft: »Sie waren wohl sehr liberal und großzügig?«

»Nein, das kann man nicht sagen«, antwortete die Mutter. »Aber meiner Meinung nach müssen sich gute Eltern nicht unbedingt völlig verausgaben. Eine allzu lockere Erziehung führt meist dazu, daß Kinder sich sehr viele Freiheiten nehmen, und solche Kinder überfordern die Kräfte der Eltern.«

Die junge Besucherin wollte zeigen, daß sie sich mit diesem Problem schon auseinandergesetzt hatte, und sagte: »Sie messen also gutem Benehmen und einer gewissen Disziplin bei Kindern einen großen Stellenwert bei. Das heißt, Sie halten die Entwicklung positiver Verhaltensformen für wichtiger als die Entwicklung der kindlichen Persönlichkeit.«

Die Mutter schaute die Besucherin nachdenklich an und antwortete: »Wissen Sie, ich habe schon oft Diskussionen über verschiedene Erziehungskonzepte miterlebt. Man streitet darüber, was für ein Kind wichtiger ist – gute Verhaltensweisen oder Selbstbewußtsein. Das erinnert mich an die Frage, was war zuerst da – die Henne oder das Ei?

Es mag uns manchmal sehr schwierig vorkommen, Kinder richtig zu erziehen«, meinte sie, »aber im Grunde ist es sehr einfach.«

Dann stand sie auf und ging zu ihrem Schreibtisch. Sie kramte etwas aus der Schublade heraus und zeigte es der Besucherin. »Sehen Sie sich das doch einmal an«, sagte sie und gab der jungen Frau eine Tafel mit einer Aufschrift.

»Als meine Kinder noch klein waren, pflegte ich diese Tafel griffbereit in meiner Nähe zu haben, um mich selbst immer wieder an einen wichtigen Grundsatz zu erinnern:

*

Kinder,
die sich selbst mögen,
haben auch den Wunsch,
sich gut zu verhalten.

*

»Wenn Sie sich diese Erkenntnis so oft wie möglich vor Augen halten«, sagte die Mutter, »kommen Sie mit Ihren Kindern viel besser zurecht.«

»Ist dieser Satz wirklich so wichtig?« fragte die Besucherin.

Die Mutter lachte und sagte: »Ja, damit steht und fällt meine Erziehungsmethode. Davon hängt ab, ob eine Familie glücklich ist.«

Dann forderte sie die junge Besucherin auf, selbst nachzuprüfen, ob ihre These richtig sei: »Am besten urteilen Sie aufgrund Ihrer eigenen Erfahrungen. Denken Sie an Ihre Kindheit zurück, und fragen Sie sich, wann Sie positives Verhalten gezeigt haben, wann Sie mit sich selbst zufrieden waren und wann Sie sich gut fühlten.«

Die junge Frau nickte zustimmend: »Wenn ich jetzt so darüber nachdenke«, meinte sie, »dann muß ich sagen, am besten habe ich mich dann verhalten, wenn ich mit mir selbst zufrieden war.«

»Aber natürlich!« rief die Mutter aus. »Es geht uns doch allen so.«

Die junge Frau stand auf und brachte die Tafel zum Schreibtisch zurück. Nachdenklich verharrte sie einen Moment und sagte dann: »Sie meinen also, wenn man Kindern ermöglicht, sich gut zu fühlen, dann zeigen sie von sich aus positives Verhalten – so hatten Sie es doch gemeint?«

»Ja«, antwortete die Mutter. »Es geht sogar noch weiter. Wenn Sie den Kindern helfen, sich selbst zu akzeptieren und zu mögen, dann wiederum helfen die Kinder Ihnen, weil sie dann motiviert sind, noch besser zu werden.«

Die junge Frau war jetzt gespannt darauf, mehr zu erfahren. »Sie sagten bereits, daß Sie sich nicht als eine ›liberale‹ Erzieherin bezeichnen würden. Aber was für eine Mutter sind Sie denn nun eigentlich?« fragte sie.

»Das ist ganz einfach«, antwortete die Mutter lächelnd. »Ich bin eine 1Minuten-Mutter.«

Von einer Minuten-Mutter hatte die junge Frau noch nie gehört. Erstaunt und ungläubig fragte sie: »Was sind Sie?«

Die Mutter lachte: »Meine Kinder nannten mich so und meinten damit das Minuten-Prinzip meiner Erziehungsmethode.

Doch worauf es ankommt ist, daß ich durch diesen Spitznamen zusätzlich daran erinnert wurde, bei meinen Kindern drei ganz bestimmte Kommunikationsstrategien anzuwenden, die nicht mehr als jeweils eine Minute beanspruchen. Mit ihrer Hilfe konnte ich meinen Kindern leicht die ausschlaggebenden Gefühls- und Verhaltensmechanismen deutlich machen, wenn es darum geht, sich selbst zu akzeptieren und sich konstruktiv zu verhalten.«

»Das klingt zu schön, um wahr zu sein!« meinte die schwangere junge Frau.

»Ich weiß«, erwiderte die Mutter lächelnd. »So dachte ich auch, als ich vor vielen Jahren den Mann kennenlernte, der ›Minuten-Vater‹ genannt wurde. Von ihm habe ich die drei Geheimnisse der Minuten-Erziehung gelernt.

Ich probierte seine Methode aus und stellte fest, daß sie funktionierte. Nach einiger Zeit merkte ich dann aber auch, daß sich aus der Sicht einer Mutter zum Teil andere Aspekte ergaben«, sagte die Frau. »Darum wandelte ich sein System etwas ab, um es meinen Bedürfnissen als Mutter besser anzupassen.«

»Wollen Sie damit sagen, daß das Minuten-System prinzipiell für Väter *und* für Mütter geeignet ist?« fragte die Besucherin.

»Ja, so ist es«, bestätigte die Mutter.

Die junge Frau sagte: »Es wird meinen Mann freuen, das zu hören. Er beschäftigt sich nämlich auch mit dieser Frage. Er spricht mit vielen Eltern, liest Bücher und versucht herauszufinden, wie er ein guter Vater werden kann.

Sie können sich sicher schon denken, daß es unser erstes Kind ist«, ergänzte die schwangere Besucherin lächelnd.

»Ich kann Ihnen nur wünschen, daß Sie nicht so mühevoll wie ich lernen müssen – durch Ausprobieren und Aus-Fehlern-Lernen. Gerne will ich Ihnen mit meiner Erfahrung zur Seite stehen«, sagte die Mutter.

»Es hat bei mir eine ganze Weile gedauert, bis ich dahinterkam, daß Muttersein nicht unbedingt anstrengend und schwierig sein muß. Ja, meine eigenen Erfahrungen haben mir schließlich bewiesen, daß es eigentlich ganz leicht ist und viel Freude macht.«

Die junge Frau fühlte sich plötzlich sehr erleichtert und froh. Sie hatte gefunden, wonach sie gesucht hatte. Jetzt konnte sie ihre Neugier nicht mehr zurückhalten und fragte: »Was sind denn nun diese drei Geheimnisse?«

»Ich glaube, es wäre für Sie aufschlußreicher, mit meinen inzwischen erwachsenen Töchtern darüber zu sprechen, denn sie wissen besser als irgend jemand sonst, ob es für die Kinder gut ist oder nicht, eine Minuten-Mutter zu haben«, meinte die Mutter.

Sie bat die junge Frau um den Notizblock und schrieb die Adressen und Telefonnummern ihrer Kinder auf.

»Vielen Dank«, sagte die Besucherin, »gerne möchte ich mit Ihren Töchtern sprechen. Aber erlauben Sie mir vorher noch eine Frage: Sie sprachen vorhin von Ihren drei *Geheimnissen*. Wußten Ihre Kinder nicht, daß sich dahinter Ihre spezielle Erziehungsmethode verbarg?«

»Ganz und gar nicht, im Gegenteil. Das war nur ironisch gemeint. Bei jedem dieser Geheimnisse handelt es sich nämlich um etwas, das wir im Grunde längst wissen. Es sind nur insofern Geheimnisse, als wir uns dieser intuitiven Kenntnisse nicht bewußt sind.

Sie kommen uns erst dann wirklich zugute, wenn wir unseren gesunden Menschenverstand einsetzen – auch bei der Kindererziehung.

Vor meinen Kindern hatte ich niemals Geheimnisse«, sagte die Mutter. »Wir wissen doch alle aus eigener Erfahrung, daß das gegenseitige Verständnis immer dann am besten ist, wenn wir offen und ehrlich sind. Dadurch können sehr viele Probleme vermieden werden.

Meinen Kindern machte ich klar, daß ich nicht die Absicht hatte, sie zu manipulieren. Und natürlich wollte ich genausowenig von ihnen manipuliert werden. Wenn ich mich richtig erinnere, sagte ich damals: ›Ich bin kein Fußabtreter, aber auch kein Diktator.‹

Bevor ich die drei Strategien anwandte, sprach ich mit meinen Kindern darüber. Ich erklärte ihnen, daß es doch eigentlich die normalste und naheliegendste Umgangsform sei, miteinander zu reden.

Später erst ermutigte ich sie, auch mit mir in der gleichen Weise umzugehen. Es hat bei mir etwas länger gedauert, bis ich erkannt hatte, daß die Kommunikation mit Kindern am besten funktioniert, wenn *beide* Seiten offen und ehrlich zueinander sind.

Vergessen Sie das bitte nicht, wenn Sie das Minuten-System anwenden«, warnte die Mutter. »Gestehen Sie Ihren Kindern zu, auch Ihnen gegenüber ihre Gedanken und Gefühle frei äußern zu können. Die Kinder haben ein Recht darauf.«

»Ich danke Ihnen sehr«, sagte die Besucherin. »Ihre Ratschläge werde ich gerne befolgen.« Dann stand sie auf und verabschiedete sich.

Als die junge Frau wieder in ihrem Auto saß, nahm sie als erstes das Notizbuch heraus. Sie freute sich schon darauf, die drei Töchter – Patrizia, Susanne und Elisabeth – kennenzulernen.

Geheimnis Nummer eins: 1Minuten-Ziele

Noch am gleichen Abend konnte die junge Frau zu Patrizia kommen. Die drei Kinder – zwei Jungen im Alter von sechzehn und zwölf und ein neunjähriges Mädchen – probierten zusammen mit ihrem Vater gerade ein neues Lernprogramm auf dem Computer aus. Sie waren hochbeschäftigt, stellten sich der Besucherin nur kurz vor und zogen sich dann wieder zurück; ungestört konnten die beiden Frauen miteinander reden.

Patrizia war eine fröhliche und ausgeglichene Frau, ihrer Mutter auffallend ähnlich. Auch sie wirkte zufrieden und glücklich und sah jünger aus, als sie war.

»Wie ich hörte, haben Sie ein langes Gespräch mit meiner Mutter geführt«, sagte sie.

»Ich war eigentlich nicht besonders lange bei ihr«, sagte die Besucherin.

»Meine Mutter ist schon eine großartige Frau! Ich kenne sie ja schließlich gut genug. Hat sie Ihnen nicht erzählt, daß sie die Minuten-Mutter ist?«

»Natürlich, deshalb bin ich doch gekommen! Ich möchte unbedingt mehr erfahren über das Minuten-Prinzip. Kindererziehung ist zwar keine Minutensache, und auch Ihre Mutter wies deutlich darauf hin. Dennoch scheint mir die Erziehungsmethode Ihrer Mutter eine ganz besondere zu sein, und ich frage mich, wie es möglich ist, mit so wenig Aufwand bei Kindern so erfolgreich zu sein.«

»Ich kann nur bestätigen, was Ihnen meine Mutter schon sagte«, erwiderte die Tochter. »Ist es richtig, daß Sie auch mit meinen beiden Schwestern sprechen wollen? – Dann könnten Sie sich selbst ein Urteil bilden. Das wäre wohl am besten.«

Die junge Frau wußte es zu schätzen, daß Patrizia nicht sofort versuchte, sie mit der Erziehungsmethode ihrer Mutter zu überrumpeln. Vorsichtig begann sie, einige Fragen zu stellen: »Hatten Sie als Kind das Gefühl, immer genug Aufmerksamkeit von Ihrer Mutter zu bekommen?«

Patrizia dachte nach: »Ich erinnere mich noch gut an die Zeit, als mein Vater gestorben war. Wir waren noch kleine Kinder, und meine Mutter mußte arbeiten, um uns ernähren zu können. Meine Schwestern und ich hätten oft gern etwas mehr von ihr gehabt.

Aber trotzdem hatte ich den Eindruck, daß meine Mutter sich ausreichend um mich kümmerte. Ich weiß noch ganz genau, wie sie mir immer wieder das Gefühl gab, ich sei etwas ganz Besonderes«, ergänzte die Tochter.

»Können Sie mir das genauer erklären?« fragte die Besucherin.

»Wenn ich zum Beispiel etwas Neues lernte, unterstützte sie mich, indem sie mir sagte, ich sei intelligent und tüchtig.«

»Erzählen Sie mir doch bitte, wie Ihre Mutter sich dabei verhielt«, unterbrach die junge Frau.

»Es war so«, sagte Patrizia, »sie setzte sich mit mir an den großen Tisch im Wohnzimmer und half mir, meine 1Minuten-Ziele festzulegen.«

»1Minuten-Ziele? Ich verstehe Sie nicht«, meinte die Besucherin. »Ihre Mutter sagte mir zwar, daß sie die Minuten-Mutter ist, aber von 1Minuten-Zielen hat sie nicht gesprochen. Was ist ein 1Minuten-Ziel?«

»Es ist das erste von den drei Geheimnissen der 1Minuten-Erziehung«, erwiderte die Tochter. »Die 1Minuten-Ziele sind das grundlegende Geheimnis.

Leider sind sie viel zu wenig Eltern bekannt. Was glauben Sie, würden Eltern und Kinder antworten, wenn man sie nach ihren Zielen fragte?«

Die Besucherin lachte und sagte: »Bei meinen vielen Besuchen in den verschiedensten Familien habe ich die Erfahrung gemacht, daß die Ziele von Kindern und Eltern nur in den seltensten Fällen übereinstimmen.«

»Ja natürlich, das ist der Normalfall«, antwortete die Tochter. »Und dadurch entstehen immer wieder große Probleme, weil sich die Familienmitglieder untereinander nicht vorstellen können, welche Ziele für den anderen wichtig sind.«

Die junge Frau nickte zustimmend. Sie dachte an ihre eigene Kindheit zurück. Sie erinnerte sich daran, wie oft es in ihrer Familie Streit gegeben hatte und wie schmerzhaft es für sie gewesen war, nicht verstanden und akzeptiert zu werden. Dann fragte sie Patrizia: »Kommt so etwas in Ihrer Familie auch vor?«

»Nein, so gut wie nie. Minuten-Mütter achten nämlich darauf, daß alle Familienmitglieder wissen, welche Ziele jeder einzelne hat.«

Sie fügte hinzu: »Und das Beste für mich war, daß mich meine Mutter darauf vorbereitet hat, auch eine Minuten-Mutter zu werden.«

Dafür interessierte sich die Besucherin ganz besonders: »Wie wird man denn eine Minuten-Mutter?« fragte sie.

Die Tochter freute sich, daß sie ihr Wissen weitergeben konnte. »Als erstes lernt man, wie man sich 1Minuten-Ziele setzt. Das ist ganz einfach: Stichpunktartig schreibt man sich seine Erwartungen an die Familie auf – eine Seite, nicht mehr.«

»Und Ihre Erwartungen sind zugleich Ihre Ziele?«

»Ja«, antwortete Patrizia. Das Entscheidende dabei ist: Menschen, die sich ihrer Ziele bewußt sind und sie schriftlich festhalten, sind erfolgreicher als andere.«

»Ich verstehe, worauf Sie hinaus wollen«, sagte die Besucherin und machte einige Notizen. »Aber warum müssen die Ziele unbedingt so kurzgefaßt sein, daß sie nicht umfangreicher als eine Seite sind?«

»Damit wir sie in einer Minute durchlesen können.«

»Warum ist das so wichtig?« fragte die junge Frau.

»Ganz einfach! Je schneller wir die Ziele durchlesen können, um so öfter lesen wir sie«, erklärte Patrizia. »Und je häufiger wir uns mit unseren Zielen befassen, desto eher gewöhnen wir uns daran, sie in unser Denken und Fühlen mit einzubeziehen und als Teil unseres täglichen Lebens zu betrachten.«

Die Besucherin schrieb in ihr Notizheft den Satz: »Wir bezeichnen unsere Ziele als 1Minuten-Ziele, weil es nur eine Minute dauert, sie durchzulesen.« Anschließend fragte sie: »Könnten Sie mir ein Beispiel nennen?«

»Nun, es gibt zwei Arten von Zielen – ›Wir-Ziele‹ und ›Ich-Ziele‹. Die ersteren sind Vereinbarungen unter mehreren Familienmitgliedern, ›Ich-Ziele‹ setzt jeder für sich allein.

Wir hatten zum Beispiel vor einigen Jahren Schwierigkeiten mit unserem Sohn, weil er abends nicht ins Bett gehen wollte. Es gab dabei immer wieder Geschrei und Tränen.«

»Und was taten Sie dann?«

»Mein Mann, mein Sohn Michael und ich führten eines Tages ein langes Gespräch. Wir stimmten darin überein, daß wir zwei Dinge erreichen wollten: Zum einen wollten wir nicht jeden Abend Streit und Zank in der Familie haben, und zum anderen wollten wir dafür sorgen, daß wir alle am nächsten Morgen fit und ausgeruht den neuen Tag beginnen konnten. Das war unser Ziel.

Michael war damals noch zu klein, um sich unser gemeinsames Ziel aufschreiben zu können«, ergänzte die Mutter. »Also halfen wir ihm, ein Bild zu zeichnen: Zuerst ein fröhliches Gesicht für den Abend, dann ein schlafendes Gesicht und wieder ein lachendes Gesicht für den Morgen. Wir erinnerten ihn jeden Tag nach dem Abendessen daran, sich das Bild anzuschauen.

Später einigten wir uns auf einen Plan, den ich aufschrieb und Michael abends vorlas – wohlgemerkt, in nur einer Minute. An Wochentagen ging er immer um halb acht ins Bett und durfte dann noch eine halbe Stunde das Licht brennen lassen, um im Bett Bilderbücher anzuschauen oder zu spielen. Wir sagten ihm dann Bescheid, wenn es acht Uhr war. Später, als er bereits in die Schule ging, wurde er von einem Wecker geweckt; er war selbst dafür verantwortlich, rechtzeitig aus dem Bett zu kommen. An den Wochenenden durfte er in der Regel zwei Stunden länger aufbleiben.«

»Und, hat es funktioniert?« fragte die Besucherin.

»Ja, es ging fast immer gut«, antwortete die Mutter. »Er hatte das Gefühl, selbst an der Entscheidung beteiligt zu sein, und fand unsere Abmachung fair.«

»Was taten Sie denn, wenn es einmal nicht klappte?«

»Das wäre bereits das dritte Geheimnis«, entgegnete Patrizia lächelnd, »dazu kommen wir später.«

»Na gut«, fügte sich die junge Frau. Es fiel ihr schwer, ihre Ungeduld und Neugier zu verbergen. »Das war also ein ›Wir-Ziel‹, nicht wahr? Könnten Sie mir auch ein Beispiel für ein ›Ich-Ziel‹ geben?«

»Ja, gern. Entschuldigen Sie mich bitte für einen Moment. Ich werde Michael selbst fragen«, antwortete die Mutter. »Es sind ein paar Jahre vergangen, seitdem wir Michael geholfen haben, Bilder zu malen.« Kurz darauf kam sie zusammen mit ihrem Sohn zurück.

Der zwölfjährige Junge begrüßte die Besucherin nochmals und übergab ihr eine Liste seiner Ziele. Er hatte sich zwei persönliche Ziele gesetzt:

»1. Ich kann am Skikurs im Februar teilnehmen, weil ich bis dahin 150 DM zusammengespart habe.

2. Ich bekomme im nächsten Zeugnis eine Zwei in Mathematik, denn ich übe jeden Tag mindestens 30 Minuten.«

Die Besucherin fragte den Jungen: »Macht es dir Spaß, deine Ziele aufzuschreiben?«

»Am Anfang gefiel es mir überhaupt nicht«, antwortete er. »Ich hielt es für Zeitverschwendung. Aber jetzt tue ich es gern, besonders wenn ich ein ganz bestimmtes Ziel unbedingt erreichen möchte.«

»Und warum findest du es jetzt gut?«

Er lachte und sagte: »Weil es mir hilft, das zu bekommen, was ich haben will!« Der Junge und die Besucherin unterhielten sich noch eine Weile. Dann entschuldigte er sich und ließ die beiden Frauen allein.

Die Besucherin fragte Patrizia: »Eines verstehe ich nicht: Warum formulieren Sie Ihre Ziele so, als hätten Sie sie schon erreicht?«

»Sie passen wirklich sehr gut auf! – Nun, Ziele sind die Vorstellung davon, was man in der Zukunft erreicht haben will«, antwortete Patrizia. »Wir sehen die Ziele im Geiste vor uns, ehe sie Wirklichkeit werden.

Wenn wir unsere Ziele in der Gegenwartsform aufschreiben, wenden wir die von erfolgreichen Menschen praktizierte Technik der bildhaften Vorstellung an. Und wir sind zum gleichen Ergebnis gekommen: Sie funktioniert!

In der Regel erreichen wir unsere Ziele.«

»Habe ich Sie richtig verstanden, Sie schreiben auf, was Ihr Ziel ist; was Sie im einzelnen unternehmen, um es zu erreichen und bis zu welchem Zeitpunkt Ihr Ziel Wirklichkeit sein soll. Und Sie lesen Ihre Ziele immer wieder durch.«

»Ja. Wir haben festgestellt, je öfter wir aufschreiben, was unser Ziel sein soll, und es uns regelmäßig anschauen, desto häufiger erreichen wir es.

Auf die gegenseitige Unterstützung bei unseren ›Ich-Zielen‹ brauchen wir keineswegs zu verzichten«, fügte die Mutter hinzu, »jeder bekommt eine Kopie der Ziele der anderen Familienmitglieder.«

»Ist das nicht eine Menge Papierkram?«

»Nein, das kann man nicht sagen«, meinte Patrizia. »Wissen Sie, als ich noch ein Kind war, sagte meine Mutter immer, daß bereits zwanzig Prozent unserer täglichen Aktivitäten ausreichen, um achtzig Prozent unserer Ziele zu erreichen. Wir nutzen die 1Minuten-Zielsetzung vorwiegend für die besonders wichtigen Vorhaben und Pläne. Wenn eine unvorhergesehene Situation eintritt, einigen wir uns auch einmal ganz kurzfristig auf ein spezielles 1Minuten-Ziel.«

»Ich glaube, jetzt verstehe ich die tiefe Bedeutung der 1Minuten-Ziele«, sagte die Besucherin. »Jedes Familienmitglied weiß auf diese Weise, was dem anderen wichtig ist, so daß es weniger ›unliebsame Überraschungen‹ gibt.«

»Ganz recht«, stimmte Patrizia zu.

»Sie setzen dabei voraus, daß Ihre Kinder genau wissen, was sie zu tun haben, um die vereinbarten Ziele zu erreichen, nicht wahr?« fragte die Besucherin.

»Nein«, antwortete Patrizia. »Wir erklären ihnen vorher, was wir von ihnen erwarten.«

»Wie denn zum Beispiel?«

»Angenommen, sie sind dafür verantwortlich, ihre Zimmer in Ordnung zu halten und die Betten zu machen, dann zeige ich ihnen, Schritt für Schritt, wie sie die Betten machen sollen.«

»Ist das nicht sehr zeitaufwendig?« wollte die Besucherin wissen.

»Nur am Anfang«, erwiderte die Mutter. »Der Vorteil ist, daß sich diese Mühe später auszahlt. Wenn Kinder – und das gilt auch für Erwachsene – genau wissen, was sie zu tun haben und was man von ihnen erwartet, dann erleben sie weniger Mißerfolge.«

»Ich verstehe. Sie brauchen dann nicht immer wieder einzugreifen und nachzubessern oder zu kritisieren.«

»Ja, richtig«, sagte die Mutter. »Normalerweise funktioniert das tadellos. Nur die ganz kleinen Kinder müssen gelegentlich an ihre Versprechen erinnert werden.«

Die Besucherin dachte nach und meinte dann: »Sie erwähnten vorhin, daß bereits ein Fünftel unseres Tuns vier Fünftel der angestrebten Leistung bringe. Woher aber wollen Sie wissen, worin das entscheidende Fünftel besteht, das uns von unserem Ziel noch trennt?«

Patrizia stand auf und begann, im Zimmer auf und ab zu gehen. Sie fragte die junge Frau: »Kann ich Ihnen etwas zu essen oder zu trinken anbieten?« Als sie ein höfliches »Nein, danke!« zur Antwort erhielt, fuhr sie fort, langsam hin und her zu gehen. Offensichtlich war sie tief in Gedanken versunken. Man hatte den Eindruck, als hätte sie selbst gern eine Antwort auf die Frage der Besucherin gehabt.

»Sie stellen wirklich gute Fragen. Aber gehen Sie doch einfach noch einen Schritt weiter und fragen Sie sich ›Was ist für mich im Moment wichtig?‹ – Dann haben Sie Ihre Antwort gefunden.«

»Früher habe ich mir manchmal aufgeschrieben, was ich jeden Tag tun wollte«, sagte die junge Frau. »Aber ich war dann oft enttäuscht und deprimiert, weil ich nicht alles schaffte, was ich mir vorgenommen hatte.«

»Mir ging es früher ähnlich, bis ich eine Idee hatte: Man könnte es sich viel leichter machen, wenn man sich für jeden Tag, jede Woche, jeden Monat oder jedes Jahr im voraus überlegte: ›Was ist mir am wichtigsten?‹ Und dann überprüft man sich selbst immer wieder mit der Frage: ›Habe ich die wichtigsten Dinge erledigt?‹«

Dieser Gedanke gefiel der Besucherin. Sie sagte: »Das ist ja prima! Auf diese Weise kann man sich selbst kontrollieren und die Aufgaben und Ziele für den nächsten Tag neu bestimmen. Wenn ich die wichtigen Dinge einmal nicht geschafft habe, nehme ich sie mir für den nächsten Tag vor, und wenn ich das erledigt habe, worauf es mir besonders ankommt, dann ist es nicht so schlimm, wenn andere Dinge liegenbleiben.«

»Genau, das habe ich gemeint«, bestätigte Patrizia. »Wir kommen immer wieder auf den Punkt zurück, daß wir unsere Ziele bestimmen müssen«, ergänzte sie. »Schauen Sie einmal her, ich habe hier an meinem Arbeitsplatz eine Tafel, die ich jeden Morgen ganz bewußt durchlese:

*

Mehrmals
täglich
nehme ich mir
eine Minute Zeit,
um meine Ziele und
mein Verhalten zu überdenken.

*

Die junge Frau dachte über die Zielformulierung nach und verlangte noch einige Detailinformationen: »Wie ist das hinsichtlich der Verhaltenskontrolle zu verstehen? Vergleichen Sie wirklich mit Ihrem Terminkalender, Ihren Tages-, Wochen-, Monatsplänen, ob alle Ihre Ziele erledigt sind?«

»Ja, ganz genau! Das meine ich damit.«

»Das imponiert mir!« beteuerte die Besucherin. »Dürfte ich mir von Ihrem Leitsatz eine Kopie machen?«

»Aber natürlich«, erwiderte Patrizia. »Ich hoffe, Sie können damit genausogut arbeiten wie ich.

Fast alles, was ich Ihnen über die Minuten-Erziehung sagen kann, habe ich von anderen gelernt – insbesondere von meiner Mutter. Und ich gebe mein Wissen gern weiter.«

Sie fügte hinzu: »Ich schaue mir meine Ziele mindestens einmal täglich an und erinnere auch meine Kinder, sich anhand ihrer eigenen Zielformulierung täglich neu zu motivieren. Jeden Samstagmorgen setzen wir uns zusammen und überprüfen unsere gemeinsamen Ziele.«

Die junge Frau schrieb mit, so schnell sie konnte. Aber dann legte sie eine Pause ein und sagte: »Wenn es Ihnen nichts ausmacht, würde ich gern in Ruhe zusammenfassen, was ich bis jetzt über die 1Minuten-Zielsetzung gelernt habe.«

»Ganz und gar nicht«, sagte Patrizia. »Ich muß sowieso kurz in die Küche und lasse Sie einen Moment allein. Sagen Sie Bescheid, wenn Sie fertig sind.«

Knapp und präzise faßte die junge Frau die 1Minuten-Zielsetzung zusammen, als wäre sie längst eine routinierte Anwenderin dieser Methode. Sie hatte gut aufgepaßt und den eigentlichen Hintergrund für die Vorgehensweise verstanden!

1Minuten-Ziele Zusammenfassung

Wie und warum wir uns Ziele setzen – auch in der Familie:

1. Wir haben bestimmte Ziele: »Wir-Ziele« als Familie und »Ich-Ziele« als individueller Mensch.
2. Wir sprechen unsere Ziele untereinander ab, damit die Erwartungen des einzelnen an die Familie erfüllt werden können.
3. Wir schreiben unsere Ziele in kurzgefaßter Form auf (nicht mehr als eine Seite; maximal 250 Worte), damit es nicht länger als eine Minute dauert, sie durchzulesen.
4. Unsere Ziele sind sehr *konkret* und beinhalten genau, *was* wir *wann* erreicht haben wollen: »Ich lerne ... ich kann... bis zum ... .«
5. Wir schauen uns unsere Ziele häufig an, um sie fest in unser Denken und Handeln einzubeziehen.
6. Wir nehmen uns mehrmals täglich eine Minute Zeit, um unsere Ziele zu überdenken und zu prüfen, ob unser Verhalten in Ordnung ist.
7. Ich halte meine Kinder an, dasselbe zu tun.
8. Wir genießen es, einmal wöchentlich über unsere Ziele und Fortschritte als Familie zu sprechen.

* * *

Kurze Zeit nachdem die Besucherin ihre Zusammenfassung aufgeschrieben hatte, kam Patrizia zurück: »Haben Sie noch Fragen an mich?«

»Ja, aber nur noch eine: Wie schaffen Sie es, daß Ihre Kinder überhaupt 1Minuten-Ziele haben wollen?«

In diesem Moment kam die neunjährige Tochter herein und sagte: »Entschuldige bitte, Mami, daß ich euch unterbreche. Aber ich bin mit meinen Hausaufgaben fertig und wollte fragen, ob ich jetzt mit meiner Freundin spielen kann?«

Sie bekam die Erlaubnis und wollte gerade wieder gehen, als die Besucherin sie fragte: »Könntest du mir sagen, was du dir unter einem Ziel vorstellst?«

»Ja, das ist doch leicht«, antwortete die Kleine. Bei ihren Hausaufgaben hatte sie viel schwierigere Fragen gelöst!

»Ein Ziel ist ein Traum oder eine Vorstellung, die zu einem bestimmten Zeitpunkt Wirklichkeit sein wird.«

Als das Mädchen gegangen war, sagte Patrizia voller Stolz: »Das war schon fast die ganze Antwort. Wissen Sie, meine Kinder haben Spaß an ihren Träumen. Und wenn Sie erfahren möchten, warum das so ist, dann nähern Sie sich dem zweiten Geheimnis der 1Minuten-Erziehung.«

»Und das wäre?« fragte die junge Frau. Sie schaute dabei auf ihre Uhr.

»Meine Mutter sagte mir, daß Sie morgen mit meiner Schwester Susanne sprechen. Ich werde sie bitten, Ihnen das zweite Geheimnis zu erklären.« Dann begleitete sie die Besucherin zur Tür.

»Ich danke Ihnen dafür, daß Sie sich so viel Zeit für mich genommen haben«, sagte die junge Frau.

»Das habe ich gern getan. Außerdem habe ich jetzt mehr Zeit als früher. Wie Sie wohl selbst gemerkt haben, bin auch ich eine Minuten-Mutter geworden.«

Die Besucherin verabschiedete sich. Sie freute sich auf das Gespräch am nächsten Tag.

Geheimnis Nummer zwei: Das 1 Minuten-Lob

Auf dem Weg zu Susanne, der zweiten Tochter der Minuten-Mutter, dachte die junge Frau darüber nach, wie einfach doch eigentlich die Erziehungsmethode war, die sie am Abend zuvor bei der ersten Tochter kennengelernt hatte. »Ein wirklich sinnvolles Prinzip: Mit seiner Hilfe gewöhnen sich Kinder schon früh daran, daß sie ihre Ziele klar bestimmen und konzentriert darauf hinarbeiten müssen, wenn sie etwas erreichen wollen. Auch, um Kindern ein Gefühl der Verantwortung für ihr eigenes Tun zu vermitteln.«

Als sie um zwei Uhr nachmittags die Treppen zur Wohnung der zweiten Tochter hinaufstieg, fragte sie sich, warum Susanne wohl ein so spätes gemeinsames Mittagessen vorgeschlagen hatte. Doch gleich sollte sie den Grund erfahren. Susanne erzählte, daß sie gerade an einem Vormittagsprogramm zur beruflichen Fortbildung teilnahm. Die zweite Tageshälfte wollte sie für ihre beiden Kinder – einen elfjährigen Jungen und ein vierjähriges Mädchen – da sein. Es war ihr wichtig, daheim zu sein, wenn die Kinder von der Schule und vom Kindergarten nach Hause kamen; das gemeinsame verspätete Mittagessen gehörte zur Tagesordnung.

»Vielen Dank, daß Sie mich zum Essen eingeladen haben und bereit sind, mir mehr über die Minuten-Erziehung zu erzählen. Macht es Ihnen auch nicht zuviel Mühe?«

»Nein. Ich freue mich über Ihren Besuch«, antwortete Susanne. »Wissen Sie, wenn mehr Eltern die drei Methoden der Minuten-Erziehung anwendeten, gäbe es mehr glückliche Familien, freundlichere Nachbarschaften und ein insgesamt harmonischeres Zusammenleben. Davon bin ich fest überzeugt. Glauben Sie mir!«

Dann lachte sie und sagte: »Manchmal übertreibe ich vielleicht ein bißchen.« Susanne strahlte über das ganze Gesicht, ihre persönliche Zufriedenheit und ihr Glücklichsein überzeugten, und die Besucherin fühlte sich in ihrer Gegenwart sofort wohl. Es wurde ein gemütliches und entspanntes Mittagessen.

Später sagte die Tochter: »Ich hörte, daß Sie mit meiner Mutter gesprochen haben. Ist sie nicht eine bemerkenswerte Frau?«

Die Besucherin war es langsam gewohnt, von der ›bemerkenswerten Frau‹ und Minuten-Mutter zu hören.

»Ja, ich glaube schon«, erwiderte die junge Frau zögernd. »Sagen Sie, was gefällt Ihnen so gut an Ihrer Mutter und der Art, wie sie ihre Kinder erzogen hat?«

»Ich mochte vieles an ihr gern. Am besten fand ich jedoch, daß meine Schwestern und ich immer genau wußten, woran wir mit ihr waren. Wir spürten, daß sie uns liebte, und hatten eine klare Vorstellung davon, was sie von uns erwartete. Sie vermittelte uns Kindern stets das Gefühl von Sicherheit und Geborgenheit.«

»Ich weiß. Ihre Schwester Pat hat mir schon alles über die 1Minuten-Zielsetzung berichtet.«

»Eigentlich dachte ich gerade mehr an das 1Minuten-Lob«, sagte Susanne.

»Das 1Minuten-Lob?« fragte die Besucherin. »Sprechen Sie jetzt vom zweiten Geheimnis der Minuten-Erziehung?«

»Ja, richtig. Meiner Meinung nach ist das zweite Geheimnis das wirksamste von allen.«

Die Besucherin zog ihr Notizbuch hervor. Sie war jetzt sehr gespannt.

»Es ist ganz einfach«, begann Susanne. »Als ich noch ein kleines Mädchen war, sagte meine Mutter mir schon, daß es viel leichter sei, im Leben erfolgreich zu sein, wenn man die eigenen Leistungen richtig einschätzen könne, und wir schlossen daraufhin eine Vereinbarung: Zu allem, was ich tat, sollte sie mir unmißverständlich ihre Meinung deutlich machen – ob es ihr gut oder weniger gut gefiel.

Und wir sollten umgekehrt bei ihrem Verhalten genauso kritisch sein. Gleichzeitig warnte sie uns davor, daß es bestimmt nicht immer angenehm sei, so offen miteinander umzugehen.«

»Warum nicht?« wollte die Besucherin wissen.

»Weil die meisten Eltern ihre Kinder anders erziehen und die Kinder mit dem so offenen Feedback nicht zurechtkämen. Ich erinnere mich gut daran, daß sie sagte, die positiven und negativen Rückmeldungen würden mir eine große Hilfe sein. Und es würde ihr helfen, wenn ich ihr gegenüber genauso offen sei.

Und noch etwas sollten Sie wissen: Meine Mutter sagte uns von vornherein, daß auch sie manchmal Fehler machte. Wenn sie müde war oder andere Dinge im Kopf hatte, vergaß sie gelegentlich, uns Kindern ein Minuten-Lob zu geben.«

»Mit anderen Worten«, faßte die Besucherin zusammen, »die Minuten-Mutter war keine Superfrau. Auch ihr passierten manchmal Fehler, sie war nicht immer in bester Form.«

»Ja, natürlich«, antwortete die Tochter. »Wenn sie aber daran dachte, das Geheimnis Nummer zwei anzuwenden, wirkte es Wunder.«

»Bitte erzählen Sie mir ganz genau, wie es funktioniert«, bat die junge Frau.

»Gern. Manchmal, wenn mir meine Mutter bei meinem Minuten-Zielsetzungen half, beobachtete sie mein Verhalten genauer als sonst.«

»Aus welchem Grund denn?«

»Sie wollte mich dabei ›ertappen‹, daß ich etwas richtig machte.«

»Sie wollte Sie dabei ›ertappen‹, daß Sie etwas richtig machten?« wiederholte die Besucherin verwundert.

»Ja, ganz recht. Meine Schwestern und ich haben diese Technik inzwischen von ihr übernommen. Unser Motto heißt:

*

Ich helfe meinen Kindern,
ihre Fähigkeiten
zu erkennen
und auszuschöpfen.

Ich lobe meine Kinder,
wenn sie etwas gut machen.

*

Susanne fuhr fort: »In den meisten Familien verschwenden die Eltern ihre kostbare Zeit, weil sie ...«

»... in negativer Erwartungshaltung darauf ›lauern‹, daß ihre Kinder etwas falsch machen«, ergänzte die Besucherin.

»So ist es. Mein Mann und ich dagegen achten darauf, ob sie etwas gut machen«, verdeutlichte Susanne.

Die junge Besucherin notierte ein paar Worte und fragte weiter: »Was genau tun Sie, wenn Sie Ihre Kinder dabei ertappen, daß sie etwas richtig machen?«

»Ich lobe sie ganz einfach«, sagte Susanne stolz.

»Was heißt das?«

»Nun, wenn ich merke, daß eines meiner Kinder etwas getan hat, von dem ich wirklich angetan bin, dann gehe ich zu ihm hin und nehme es in den Arm, schaue ihm offen ins Gesicht und sage ihm zwei Dinge: Zum einen mache ich ihm bewußt, was es getan hat, zum anderen beschreibe ich ihm so deutlich wie möglich, welche Gefühle in mir dadurch aufkamen. Dann mache ich eine Pause, damit es meine positiven Empfindungen selbst nachvollziehen kann.«

In genau diesem Augenblick fiel eine Tür ins Schloß. Susanne stand auf: »Entschuldigen Sie mich bitte für einen Moment.« Dann ging sie hinaus und rief: »Robert, hast du es bekommen?«

»Ja, Mutti.«

»Komm doch mal bitte her und zeig es mir. Ich bin sehr gespannt darauf!« – Keine Antwort. – Sie rief noch einmal: »Robert, ist alles in Ordnung? Wie war's in der Schule?«

Es schien ein Ewigkeit zu dauern, bis Susannes elfjähriger Sohn endlich hereinkam. Er übergab ihr das Schulzeugnis. Seine Mutter studierte es sehr gründlich.

Allmählich wurde der Junge unruhig. Er wußte ja

schließlich, was in seinem Zeugnis stand – zwei Einsen, drei Zweien, eine Drei und eine Fünf. In Geschichte hatte er eine Fünf bekommen!

Dann sagte Susanne bedächtig: »Robert, mein Sohn«, und sie schaute noch einmal auf das Zeugnis. Aber dann rief sie aus: »Du bist prima!«

Der Junge grinste freudig.

»Nun hast du es also doch geschafft! Und du hast zwei Einsen und drei Zweien!«

Sie umarmte ihren Sohn und sagte: »Ich bin sehr stolz auf dich, Robert. Ich freue mich über deinen Erfolg.«

Der Junge drückte seine Mutter schnell, wirkte dann aber etwas verlegen und fragte: »Darf ich jetzt draußen spielen?«

»Aber natürlich«, sagte die Mutter lächelnd. »Ein guter Schüler, der fast nur Einsen und Zweien im Zeugnis hat, darf selbstverständlich den ganzen Nachmittag draußen spielen.«

Der Junge strahlte über das ganze Gesicht. Er verließ das Zimmer mit einem gemurmelten »Danke, Mutti« und knallte die Tür hinter sich zu. Dann kam er noch einmal zurück und sagte: »Ich hab dich lieb, Mutti.«

Voller Verwunderung schaute die junge Frau Susanne an und meinte: »Ich verstehe nicht, was hier vorgeht. Er ist gerade mit einer Fünf im Zeugnis nach Hause gekommen.«

»Ja, stimmt.«

»Aber«, protestierte die Besucherin, »Sie haben die Fünf überhaupt nicht erwähnt.«

»Wieso, haben Sie das etwa vermißt?« fragte Susanne ironisch lächelnd.

Jetzt schmunzelte auch die Besucherin: »Ja, es fiel mir auf.« Dann wurde sie ernst und sagte: »Ist es nicht unverantwortlich von Ihnen, die Fünf in Geschichte überhaupt nicht anzusprechen?«

»Wieso unverantwortlich von mir?« fragte die Mutter. »Ich habe doch keinen Geschichtsunterricht bekommen.«

Diese Antwort verblüffte die Besucherin. »Sie wissen, daß ihr Sohn Geschichtsunterricht hat. Ist es dann nicht Ihre Aufgabe, ihn anzuspornen, damit er gute Zensuren bekommt?«

»Nein«, antwortete Susanne, »das ist seine Sache. Wenn ich ihm diese Verantwortung abnehme, wird er niemals lernen, für sein Verhalten die Verantwortung zu übernehmen.«

Sie fuhr fort: »Wenn ich ihm diese ›Aufgaben‹ abnehme, ›gibt‹ er seine Selbstverantwortung ›auf‹. Das wäre nicht Sinn der Sache. Ich möchte meinen Kindern helfen, die Verantwortung für ihr Tun zu akzeptieren. Nur so können sie sich wirklich über ihre Erfolge freuen und ein glückliches Leben führen.«

»Und wie schaffen Sie das?« fragte die junge Frau.

»Indem ich ihnen Gelegenheit dazu gebe, eigenverantwortlich zu handeln und zu spüren, daß es ihnen ein gutes Gefühl gibt.«

»Ich verstehe immer noch nicht, wie Sie dieses Ziel erreichen.«

»Sie haben es gerade miterlebt«, erwiderte Susanne. »Mein Sohn hat gerade die Verantwortung für seine Einsen und Zweien übernommen. Er hat soeben erlebt, welche Konsequenzen gute Zensuren haben. Jetzt fühlt er sich gut, und ich bin stolz auf ihn. Nun ist er draußen und freut sich über seinen Erfolg. Heute werde ich ihm alle Hausaufgaben erlassen. Er soll diesen Tag genießen.«

»Das heißt also«, sagte die Besucherin nachdenklich, »Ihre Kinder lernen, daß Verantwortung zu übernehmen etwas Positves ist; daß sie diese Verantwortung übernehmen dürfen, aber nicht unbedingt müssen.«

»Ja, richtig. Sie kommen der Sache auf die Spur. Und weil ich Ihre nächste Frage bereits ahne, will ich sie gleich beantworten. Was ist nun mit der Fünf in Geschichte?« – Die Besucherin nickte zustimmend.

»Ich werde meinem Sohn helfen, indem ich ihm ein paar einfache Fragen stelle – so wie schon Sokrates seine Schüler zum Lernen motivierte. Ich werde ihn fragen, wie gut er sich mit seinen Einsen und Zweien fühlt und welche Note er gern in Geschichte hätte. Wenn er glaubt, daß er sich in diesem Fach verbessern kann, frage ich ihn, wie er das schaffen will.«

»Haben Sie vor, beim gemeinsamen wöchentlichen Familiengespräch mit ihm darüber zu reden?« wollte die junge Frau weiter wissen.

»Ja«, bestätigte Susanne. »Was glauben Sie, wird Robert sagen? Nebenbei bemerkt, er hat es immerhin geschafft, diesmal überwiegend Einsen und Zweien zu haben, nachdem er im letzten Jahr fast nur Dreien hatte!«

»Nun, ich vermute, er wird sein gutes Gefühl über sich und seine Noten offen vor der ganzen Familie bestätigen«, meinte die Besucherin. »Und sicher nützt er die Gelegenheit, sich selbst ein neues Ziel zu setzen: auch in Geschichte besser zu werden, und das wird eines seiner nächsten Erfolgserlebnisse sein.«

»Genau!« bestätigte Susanne. »Darin zeigt sich die Wirkung der 1Minuten-Methode. Die Kinder werden motiviert, noch bessere Leistungen zu erbringen.«

Die Besucherin lächelte, während Susanne hinzufügte: »Jedesmal, wenn ich meine Kinder für etwas lobe, bemühen sie sich, das positive Verhalten zu wiederholen. Es gibt ihnen ein gutes Gefühl, wenn sie Anerkennung bekommen.

Auf diese Weise verinnerlichen sie die Einstellung, daß konstruktives Verhalten entscheidend ist, um mit sich selbst zufrieden sein zu können. Sie lernen, daß konstruktives oder auch positives Verhalten die Voraussetzung für ein gesundes Selbstbewußtsein ist.«

»Die Kinder lernen also, etwas für sich selbst zu tun, nicht, um Ihnen einen Gefallen zu erweisen«, rückversicherte sich die Besucherin.

»Ja. Und das ist der entscheidende Punkt der Minuten-Erziehung. Natürlich helfe ich Robert, eine gute Note in Geschichte zu bekommen. Doch mein eigentliches Ziel ist, ihn so zu motivieren, daß er von sich aus bessere Leistungen anstrebt.«

»Und wenn die Kinder erfolgreich sind, freuen Sie sich mit ihnen und geben ihnen die verdiente Anerkennung, anstatt – wie es leider so oft vorkommt – lobenswertes Verhalten zu ignorieren«, ergänzte die Besucherin.

»Sie haben es erfaßt«, sagte Susanne.

»Lassen Sie mich bitte nur noch zusammenfassen, was ich gerade gelernt habe«, erwiderte die Besucherin. Sie schrieb ein paar knappe Notizen in ihr Buch. Dabei formulierte sie die Sätze wieder in der Gegenwartsform – so als praktizierte sie das 1Minuten-Lob bereits täglich.

:01® Das 1Minuten-Lob Zusammenfassung

Das 1Minuten-Lob zeigt Wirkung, wenn ich folgendermaßen vorgehe:

1. Ich bereite meine Kinder darauf vor, daß ich ihnen meine Anerkennung zeigen werde, wenn sie etwas getan haben, das Lob verdient.
2. Ich bin aufmerksam, damit mir kein Anlaß, der Lob und Anerkennung verdient, entgeht.
3. Ich erkläre meinen Kindern ganz genau, was sie gut gemacht haben.
4. Ich sage ihnen, daß ihr Verhalten bei mir sehr positive Gefühle hervorruft.
5. Dann mache ich eine Pause von einigen Sekunden, damit sie meine Gefühle *selbst* nachempfinden können.
6. Anschließend zeige ich ihnen offen, wie ich mich in diesem Moment fühle und warum. Ich sage, daß ich sie liebhabe, oder nehme sie in den Arm.
7. Ich ermutige meine Kinder, mir auch ihre Anerkennung zuteil werden zu lassen, wenn ich etwas gut gemacht habe.
8. Ich mache mir bewußt, daß es mich jetzt nur eine Minute kostet, meinen Kindern Anerkennung zu schenken, während ihnen das positive Selbstgefühl das ganze Leben lang erhalten bleibt.
9. Ich weiß, daß das 1Minuten-Lob für die Kinder und für mich gut ist. Ich freue mich über mich selbst.

* * *

Als sie fertig war, blickte sie auf und sagte: »Ich danke Ihnen; das war eine eindrucksvolle Lehre. Jetzt verstehe ich auch, warum das zweite Geheimnis der Minuten-Erziehung das wirksamste ist. – Was aber ist das dritte Geheimnis?« fragte sie ungeduldig.

Susanne freute sich über die Begeisterung ihres Gastes und schlug vor: »Warum fragen Sie nicht meine ältere Schwester Elisabeth danach? Wie ich Sie verstanden habe, wollten Sie sie sowieso besuchen.«

»Ja, stimmt«, bestätigte die junge Frau. »Vielen Dank, daß Sie sich für mich Zeit genommen haben.«

»Gerne«, entgegnete Susanne. »Seitdem ich selbst eine Minuten-Mutter bin, habe ich wieder Zeit.«

Die Besucherin schmunzelte; diesen Satz hatte sie schon einmal gehört.

Als sie Susannes Wohnung verließ, erkannte sie, wie sympathisch ihr Susanne war und wie sehr sie Susanne bewunderte. »Eine wunderbare Lebenseinstellung«, dachte sie. »Es fällt doch viel leichter, das Leben zu genießen, wenn man sich darauf konzentriert, andere für ihre Leistung und ihr richtiges Verhalten zu loben.«

Was sie jetzt schon von Patrizia und Susanne, den beiden Töchtern der Minuten-Mutter, gehört hatte, leuchtete ihr ein. »Aber«, überlegte sie, »funktionieren Minuten-Ziele und das Minuten-Lob tatsächlich?«

Am liebsten hätte sie sofort eine Antwort gehabt. Dabei kam ihr eine Idee. Sie hielt an einer Telefonzelle an und verschob ihre Verabredung mit der dritten Tochter der Minuten-Mutter auf später. Es gab Wichtigeres, und das wollte sie zuerst erledigen.

Zwischenbilanz

Am nächsten Tag kehrte die junge Frau noch einmal in das Stadtviertel zurück, in dem die 1Minuten-Mutter wohnte. Sie spazierte die Allee entlang und genoß den Samstagmorgen. Sie war beeindruckt von der Sauberkeit dieses Stadtteils und den freundlichen Grußworten der Passanten. Sie bestärkten sie letztendlich in ihrem ursprünglichen Vorhaben.

Zögernd blieb sie vor einem Haus stehen – ging an die Tür und klingelte. Ein Mann öffnete und fragte: »Was kann ich für Sie tun?«

»Hätten Sie Zeit für ein kurzes Gespräch?« bat die junge Frau. Sie stellte sich vor und sagte: »Ich erwarte mein erstes Kind und möchte gern mehr darüber erfahren, wie ich eine gute Mutter werden kann. Mit der 1Minuten-Mutter – wie sie hier genannt wird – habe ich bereits gesprochen; sie wohnt ein paar Häuser weiter. Und ich war auch bei ihren Töchtern Patrizia und Susanne. Vielleicht könnten sie mir in einigen Punkten noch weiterhelfen – dachte ich mir?«

Der Mann lächelte freundlich und sagte: »Gern, sofern ich kann. Kommen Sie doch herein. Nun, welche Frage beschäftigt Sie so sehr?«

»Um direkt zur Sache zu kommen«, sagte die junge Frau, »mich interessiert, ob ihre Erziehungsmethode wirklich funktioniert. Ich würde gern wissen, ob Sie – oder irgend jemand aus der hiesigen Nachbarschaft – mitbekommen haben, wie ihre Kinder aufwuchsen.«

Der Mann antwortete: »Nun, ich bin mit ihnen aufgewachsen und kenne sie gut. Aber trotzdem kann ich nicht viel darüber sagen, wie sie erzogen wurden. Das weiß ich nicht.«

»Wie verhielten sich die drei Mädchen denn so als Kinder?«

»Ja, also«, begann er, »sie waren sehr ...« Er zögerte ein wenig und sagte dann: »... lebhaft. Ja genau.« Während er sprach, hatte man den Eindruck, als durchlebte er nochmals einen Teil seiner Kindheit und würde eher ein Selbstgespräch führen.

»Sie waren immer aktiv und an vielen Dingen interessiert. Jetzt, wo ich darüber nachdenke, fallen mir wieder ein paar Begebenheiten ein. Zum Beispiel erinnere ich mich daran, daß sie im Sommer an heißen Tagen im Gras lagen und nach kleinem Getier suchten, das sie dann ›Lebenstierchen‹ nannten. Oder manchmal redeten sie stundenlang mit alten Leuten oder hörten ihnen zu.

Wissen Sie, damals dachte ich nicht viel darüber nach, doch rückblickend würde ich sagen, daß diese Kinder ungewöhnlich waren – sie waren wirklich glückliche Kinder und jeder mochte sie gern.«

»Sagen Sie«, fragte die junge Frau, »machten sie auch manchmal Dummheiten?«

»Aber sicher!« antwortete der Mann.

»Aha«, dachte die junge Frau und glaubte eine Spur gefunden zu haben. »Und was passierte dann?«

»Das kann ich nicht sagen«, erwiderte der Mann. »Ich wünschte, ich wüßte es. Doch an eines kann ich mich genau erinnern.«

»An was?«

»Diese Mädchen machten keine Dummheit zweimal.« Er fügte hinzu: »Ich glaube, davon waren einige Mütter in der Nachbarschaft ganz besonders beeindruckt, so daß sie zur Minuten-Mutter gingen und sie nach ihrer Erziehungsmethode fragten.«

Er fuhr fort: »Ich wünschte, das Geheimnis der so erfolgreichen Erziehung zu kennen und wollte die Minuten-Mutter schon immer einmal danach fragen, kam aber nie dazu.

Ich muß zugeben«, meinte er, »bei meinen Kindern könnte ich im Moment wirklich jeden Rat gebrauchen. Sie wissen schon – die Kinder heutzutage ... Vielleicht könnte ich ein Minuten-Vater werden?«

Spontan bot ihm daraufhin die junge Frau mit einem ermutigenden Lächeln Hilfe an: »Ich mache mir bei meinen Gesprächen Notizen. Sobald ich das letzte Geheimnis herausgefunden habe, gebe ich Ihnen meine Erkenntnisse gern weiter, schließlich haben die Minuten-Mütter auch mich in die drei Geheimnisse ihrer Erziehungsmethode eingeweiht.«

Die junge Frau bedankte sich für das Gespräch. – Zwar wußte sie noch immer nicht, *wie* und *warum* die Minuten-Erziehung funktionierte, immerhin war sie nun aber davon überzeugt, *daß* sie funktionierte. So einfach das 1Minuten-Prinzip war, so vortrefflich waren die Ergebnisse.

Nach diesem Tag konnte die junge Frau vor Aufregung kaum einschlafen. Sie hätte das dritte Geheimnis der Minuten-Mutter am liebsten sofort erfahren.

Geheimnis Nummer drei: Der 1Minuten-Tadel

Am folgenden Tag besuchte die junge Frau die älteste Tochter der Minuten-Mutter. Elisabeth war geschieden und hatte einen siebzehnjährigen Sohn.

Während sie ihrem Gast eine Tasse Kaffee einschenkte, kam sie ohne Umschweife zum Thema: »Mit meiner Mutter haben Sie ja schon gesprochen; ist sie nicht eine bemerkenswerte Frau?«

Die junge Frau war diese Frage inzwischen gewohnt, und natürlich stimmte sie zu.

»Was möchten sie über das 1Minuten-Prinzip unserer Erziehungsmethode denn noch wissen?«

»Gestern«, begann die junge Frau, »sprach ich mit einem Mann, der in der Nähe Ihrer Mutter wohnt. Er kennt Sie und Ihre Schwestern Patrizia und Susanne von früher her. Er berichtete, daß Sie als Kinder eigentlich genauso waren wie alle anderen Kinder, manchmal brav und manchmal ungezogen. Aber im Gegensatz zu anderen Kindern machten Sie keine Ihrer Dummheiten ein zweites Mal, und ich fragte mich, warum das wohl so war? Lag es daran, wie Ihre Mutter Sie und Ihre Schwestern erzog?«

Elisabeth lachte auf und antwortete: »Oh, ja. Das hat sehr viel mit unserer Erziehung zu tun.«

»Können Sie sich noch daran erinnern, wie Ihre Mutter mit Ihnen umging?«

»Das fällt mir nicht schwer«, erwiderte Elisabeth, »so etwas vergißt man nie!

Immer wenn ich ein Versprechen oder eine Vereinbarung nicht gehalten hatte, sprach meine Mutter ein ernstes Wort mit mir. Unmißverständlich sagte sie mir, was ich falsch gemacht hatte. Sie erinnerte mich an unsere Ziele, so daß ich genau wußte, was sie von mir erwartete. – Und darauf folgte gewöhnlich der 1 Minuten-Tadel«

»Der was?« fragte die junge Frau verwundert.

»Der 1Minuten-Tadel«, wiederholte Elisabeth.

»Das dritte Geheimnis der Minuten-Erziehung«, wie die junge Frau vermutete.

»Ja. Genaugenommen ist es schlichtweg *das* Rezept zur Verbesserung der zwischenmenschlichen Verständigung – zum Beispiel zwischen Eltern und Kindern, Angestellten und Vorgesetzten, Schülern und Lehrern oder auch zwischen Mann und Frau.«

»Aber wieso denn?« fragte die junge Frau.

»Es ist einfach eine sehr wirksame Methode, um ein gespanntes Verhältnis zwischen zwei Personen zu klären und zu bereinigen, bevor die Beziehung selbst Schaden nimmt.«

»Und wie funktioniert das?« wollte die Besucherin wissen.

»Ganz einfach«, antwortete Elisabeth.

Die junge Frau lachte: »Ich dachte mir, daß Sie das sagen würden!«

Elisabeth schmunzelte und fuhr mit ihrer Erklärung fort: »Von Anfang an hatte uns unsere Mutter gesagt, daß wir mit ihrem korrigierenden Feedback rechnen müßten, sobald sie unser Verhalten nicht akzeptieren könne. Gleichzeitig versicherte und überzeugte sie uns, daß uns ihre Rückmeldung beim ›Großwerden‹ sehr helfen würde. An diese Abmachung hielt sich unsere Mutter strikt. *›Feedback ist das Frühstück des Gewinners‹,* pflegte sie zu sagen. Auf ihre Rückmeldung konnte ich bauen, wann immer ich etwas falsch gemacht hatte.«

»Wie lief so ein Tadel ab?« fragte die Besucherin.

»Sobald sie erfuhr, was geschehen war, bat sie mich, zu ihr zu kommen. Unter vier Augen sagte sie mir dann deutlich, was ich getan hatte. Dabei gab sie mir unmißverständlich zu verstehen, wie sie sich deswegen fühlte – wütend, frustriert, verärgert, traurig, enttäuscht oder was auch immer.

›Ich bin unheimlich wütend auf dich!‹ sagte sie mir in sehr hartem Ton direkt ins Gesicht.

Anschließend schilderte sie sehr eindringlich, wie sie sich fühlte. Daraufhin folgte eine Pause von wenigen Sekunden, die jedoch vollkommen ausreichend war, um ihre Gefühle nachzuempfinden. Dieser Moment war immer unerträglich.«

»Wie lange dauerte das alles?« fragte die junge Frau.

»Nicht mehr als dreißig Sekunden. Aber manchmal kam es mir wie eine Ewigkeit vor. Es war jedesmal eine sehr intensive, unangenehme, aufwühlende Erfahrung.«

Die junge Frau hörte sehr aufmerksam zu. »Und was passierte dann?« fragte sie.

»Dann atmete sie tief durch, um sich zu entspannen, und legte ihre Hand auf meine Schulter. Mit weicher Stimme machte sie mir dann klar, daß sie mich – trotz meines (dummen) Verhaltens – sehr, sehr lieb habe. Schließlich wüßte sie genau, daß *ich* weit besser sei; nur mein Verhalten könne sie nicht akzeptieren. Dann nahm sie mich fest in ihre Arme, so daß ich es wirklich spüren konnte: ›Ich habe dich sehr lieb, mein Schatz.‹«

»Bestimmt haben Sie sich danach über ihre Verhaltensweise und ihr Selbstverständnis Gedanken gemacht«, war die Schlußfolgerung der Besucherin.

»Allerdings!« bestätigte Elisabeth.

Die junge Frau schrieb so schnell sie konnte mit.

»Ein 1Minuten-Tadel hinterließ bei mir stets nachhaltigen Eindruck. Erstens reagierte meine Mutter immer sofort, wenn ich etwas für sie nicht Akzeptierbares getan hatte. Zweitens konnte sie mir jedesmal genau sagen, was ich falsch gemacht hatte; ich wußte, daß ich nicht ungeschoren davonkam. Drittens griff sie mich niemals als Mensch an, sondern übte nur an meinem Verhalten Kritik. Daher hatte ich keinen Grund, mich zu verteidigen, und versuchte nicht, meinen Fehler zu rechtfertigen, indem ich die Schuld auf andere schob. Ich wußte, daß sie fair sein würde. Und viertens lag ihr wirklich etwas daran, mir ein positives Selbstgefühl zu vermitteln; das wußte ich ganz genau!

So denke ich heute darüber«, sagte Elisabeth. »Ich weiß noch genau, wie sehr ich mich dagegen wehrte, als meine Mutter erstmals vom 1Minuten-Tadel Gebrauch machte.

Ich probierte alles Mögliche, um sie daran zu hindern, mir auf diese Weise Disziplin beizubringen. Ich hielt mir die Ohren zu, ging einfach weg, lachte oder tat so, als berührte mich das alles überhaupt nicht. Meine Mutter ließ sich jedoch nicht beirren. Sie nahm mir einfach die Hände von den Ohren, folgte mir, wenn ich das Zimmer verließ. Sie brachte den Tadel immer irgendwie zu Ende.

Manchmal unterbrach ich sie mittendrin, um irgendwelche Gründe zu meiner Rechtfertigung vorzubringen.«

»Mit anderen Worten«, meinte die Besucherin, »Sie verteidigten sich. Wie reagierte Ihre Mutter darauf?«

»Sie machte mir klar, daß sie während des Tadels nicht unterbrochen werden wollte und bot mir an, ein paar Stunden später zu ihr zu kommen, um die ganze Angelegenheit noch einmal zu besprechen. Aber während des Tadels sollte ich zuhören.

Oft sagte sie: ›Indem du anderen zuhörst, gewinnst du am leichtesten deren Aufmerksamkeit und Gehör!‹

Später hatte ich kaum noch das Bedürfnis, meine Einwände und Rechtfertigungen einzubringen; ich hatte in der Zwischenzeit erkannt, daß sie sehr fair war. Dennoch war es hilfreich zu wissen, daß sie stets zu einem Gespräch bereit war.

Wenn ich heute meinen Sohn tadle, achte ich immer darauf, daß ich sein Selbstvertrauen nicht verletze. Wohl kritisiere ich sein Verhalten, nicht aber ihn selbst.«

Die junge Frau sah Elisabeth an und sagte: »Ich glaube, jetzt verstehe ich das Prinzip. Das Kind fühlt sich schlecht wegen seines Verhaltens; weil es aber nach wie vor als die Persönlichkeit anerkannt ist, die es zuvor war, wird es in seinem Selbstwertgefühl nicht verletzt, sondern eher bestärkt. Und je positiver die Einstellung zu sich selbst ist, desto leichter fällt es, sich gut zu verhalten.«

»Ja, eine gute Zusammenfassung«, sagte Elisabeth.

»Könnten Sie mir ein konkretes Beispiel für einen 1Minuten-Tadel nennen?« fragte die junge Frau.

»Selbstverständlich«, stimmte Elisabeth zu. »Ich hatte vor einiger Zeit ziemliche Schwierigkeiten mit meinem siebzehnjährigen Sohn David. Er war sehr wütend auf mich, weil ich mich von seinem Vater getrennt hatte. Ich selbst befand mich nicht in bester Verfassung, und ich vernachlässigte das Prinzip der Minuten-Erziehung. Die Situation wurde unerträglich. Beispielsweise nahm er mein Auto und blieb abends lange weg. Ständig widersprach er mir, wir hatten dauernd Streit.«

Besorgt fragte die Besucherin: »Und was taten Sie dann?«

»Ich fing an, ihm jedesmal, wenn er zu spät nach Hause gekommen war, einen Tadel zu erteilen. Ich ging hinauf in sein Zimmer und sprach mit ihm – ungefähr so: ›David, du gehorchst mir nicht. Du nimmst das Auto, ohne zu fragen; kommst nach Hause, wann es dir paßt, und du widersprichst mir, wenn ich dich darauf anspreche! Dein Verhalten ist unmöglich! Ich kann das so nicht hinnehmen!‹

Dann sagte ich ihm sehr deutlich, wie ich mich fühlte. Ich zeigte ihm die seit langem in mir aufgestauten Gefühle und sagte: ›Ich kann nicht schlafen. Ich mache mir Sorgen um dich und das Auto. Ich bin unheimlich verärgert und wütend! Wütend auf die Art und Weise, wie du dich benimmst.

Dabei schaute ich ihm direkt ins Gesicht – mehrere Sekunden lang –, damit er meine Gefühle nachempfinden konnte.

Anschließend holte ich tief Luft, um meine Fassung zurückzugewinnen. Mit normaler Stimme sagte ich dann: ›Du bist doch viel besser als dieses flegelhafte Verhalten. Ich weiß, daß du über die Scheidung sehr unglücklich bist. Das ist menschlich. Du bist ein guter Junge. Ich bin stolz auf dich, David, in vielerlei Hinsicht. Ich habe dich sehr lieb.‹

Dann nahm ich ihn in den Arm, um ihm zu zeigen, daß der Tadel vorüber war.«

»Und was passierte dann?« fragte die Besucherin.

»Am Anfang wollte er nicht einmal stehenbleiben und mir zuhören. Er ging einfach weg. Manchmal unterbrach er mich oder tat so, als würde er mich nicht hören.«

»Wie reagierten Sie darauf?«

»Ich ließ mich nicht abbringen und führte den Tadel immer bis zum Schluß aus. Danach ging ich schlafen. So verlief jeder Abend.«

»Und was geschah?«

»Innerhalb weniger Wochen fragte er um Erlaubnis, wenn er das Auto benutzen wollte, und er kam nicht mehr so spät nach Hause.«

»Ist das wahr?« fragte die junge Frau erstaunt.

»Ja«, antwortete Elisabeth. »Es war eine schlimme Zeit. Ich glaube, wenn ich die Sache nicht so ernst genommen hätte und beharrlich gewesen wäre, hätte sich die Situation noch mehr zugespitzt. Die Wendung zum Guten kam, als ich endlich meine Wut und meine Besorgnis offen zeigte, ihm sein beispielloses Verhalten bewußt machte, ohne ihn selbst anzugreifen.«

Voll Bewunderung sagte die junge Frau: »Großartig, so auf das Verhalten anderer Einfluß nehmen zu können! Und der ganze Tadel dauerte wirklich immer nur eine Minute?«

»Ja, normalerweise schon«, antwortete Elisabeth, »und dann ist er ein für allemal vorbei. Ein Minuten-Tadel ist sehr kurz, doch ich garantiere Ihnen, man vergißt ihn nie! Nie möchte man denselben Fehler ein zweites Mal machen.«

»Unterlaufen einer Minuten-Mutter eigentlich auch manchmal Fehler?« fragte die Besucherin.

Elisabeth schmunzelte und bestätigte: »Natürlich, und das macht sie so liebenswert.«

»Können Sie mir ein Beispiel geben?«

»Meine Mutter vergaß hin und wieder die zweite Hälfte des 1Minuten-Tadels – den Teil, in dem sie uns gewöhnlich versicherte, daß wir gute Kinder waren und sie uns sehr lieb hatte.«

»Ich kann mir gut vorstellen, daß das gelegentlich passiert«, meinte die Besucherin, »besonders, wenn man sehr ärgerlich und aufgebracht ist.«

»Ja, genau. Wir machten uns dann immer einen besonderen Spaß daraus, unsere Mutter an den angenehmeren zweiten Teil des Tadels zu erinnern.«

»Und wie reagierte sie darauf?« fragte die Besucherin.

»Sie lachte und gestand, sie sei so sehr damit beschäftigt gewesen, unser Verhalten zu kritisieren, daß sie nicht mehr an den positiven Teil gedacht hatte. Aber sie machte es wieder gut, indem sie es einfach nachholte – sagte, wie sehr sie uns liebte, wie sehr sie uns schätzte und um wieviel besser wir doch seien als unser Verhalten, wie stolz sie auf uns sei, wie ...
Bis wir schließlich sagten, es sei genug. Niemals empfanden wir dies als floskelhafte Beteuerungen, dazu war die Situation stets zu ernst. Es tat uns gut, bestärkte uns in unserem Selbstwertgefühl, und das wußten wir.«

Lachend meinte die junge Frau: »Das gefällt mir. Ich glaube, als Minuten-Mutter muß man auch Sinn für Humor haben.«

Plötzlich wurde es draußen vor dem Haus laut. Man hörte Geschrei und Gelächter. »Das ist mein Sohn David mit seinen Freunden«, sagte Elisabeth.

»Würde es Ihnen etwas ausmachen, wenn ich mit ihm nachher über den 1Minuten-Tadel spreche?« fragte die Besucherin.

»Keineswegs, wir verstehen uns inzwischen wieder sehr gut und sind offen miteinander. Wissen Sie, jemand sagte mir einmal: ›Eine Familie ist eine Gruppe von Menschen, die durch das irrationale Bedürfnis verbunden sind, sich gegenseitig zu unterstützen und zu helfen.‹ David und ich sind zwar nur eine Zweiergruppe, aber wir sind auch eine richtige Familie.« Elisabeth war überglücklich.

Beim Hinausgehen sagte die Besucherin: »Ich bin Ihnen dankbar für dieses Gespräch. Ich habe heute viel von Ihnen gelernt.« Dann ging sie nach draußen, um noch mit Elisabeths Sohn zu sprechen.

David war sofort zu einem Gespräch mit der Besucherin bereit, die über die Geschichte mit dem Auto reden wollte. Er entschuldigte sich bei seinen Freunden, und sie machten einen kurzen Spaziergang.

»Jedesmal, wenn ich zu spät nach Hause kam«, erklärte er, »exerzierte sie dasselbe Programm mit mir. Sie zeigte mir, was sie von meinem Verhalten hielt. Also, ich kann nur sagen, sie war sauer, echt sauer und total ausgeflippt.

Das war schlimm«, fuhr er fort, »aber erträglich. Ich ließ das einfach so über mich ergehen.« Dann fügte er hinzu: »Obwohl ich zugeben muß, daß es nicht immer leicht war, alles zu ignorieren, was sie sagte.

Doch wenn sie dann auf einmal damit aufhörte, ihren Arm um mich legte und sagte, daß sie mich so – als Mensch – ganz toll fände, und wenn sie dann auch noch sagte, daß sie mich gern hätte, stolz auf mich wäre und mich bewunderte, machte mich das völlig fertig. Das war zuviel! Regelmäßig bekam ich ein furchtbar schlechtes Gewissen und schämte mich. Einmal fing ich sogar an zu ...« Er hörte auf zu reden.

Nach einer langen Pause sagte David: »Ich glaube, ich war froh, daß Mutti endlich offen mit mir redete. Sie machte mir klar, daß sie mein Verhalten nicht gut fand, mich aber trotzdem liebte.

Ich kenne ziemlich viele Gleichaltrige, die sich zu Hause alles erlauben können. Aber ehrlich gesagt, ich glaube nicht, daß sie sich dabei wohl fühlen.«

»Meinst du, daß sie das Gefühl haben, ihre Eltern interessierten sich nicht für sie oder liebten sie nicht?«

»Ja«, bestätigte David. »Wir wissen doch selbst, wenn wir etwas falsch gemacht haben, und die Eltern wissen es auch. Wenn sie dann überhaupt nicht reagieren, hat man leicht das Gefühl, wir seien ihnen gleichgültig, so als ob wir gar nicht existierten.

Ich habe inzwischen gelernt«, fuhr David fort, »daß eine offene und ehrliche Verständigung mit anderen Menschen nur von Vorteil ist. Wenn ich mich über irgend etwas ärgere, das Mutti betrifft, dann mache ich ihr unmißverständlich klar, wie ich mich fühle. Sie hört mir immer zu und denkt über meine Kritik nach. Ich finde es schön, daß wir jetzt auf diese für beide Seiten so faire Weise miteinander umgehen.«

Die junge Frau dankte David für das Gespräch und machte sich auf den Heimweg. Sie dachte noch einmal über alles nach, was sie an diesem Tag erfahren hatte. Später schrieb sie in ihr Notizbuch die wichtigsten Punkte des 1Minuten-Tadels – natürlich in der Gegenwartsform, als wäre sie selbst bereits eine erfahrene Minuten-Mutter, die diese Erziehungsmethode erfolgreich benutzte.

®Der 1Minuten-Tadel
Zusammenfassung

Der 1Minuten-Tadel zeigt Wirkung, wenn ich folgendermaßen vorgehe:

1. Ich sage meinen Kindern von vornherein, daß ich sie tadeln werde, wenn ich ihr Verhalten nicht akzeptieren kann. Und ich ermutige sie, mit mir genauso offen und ehrlich zu sprechen.

Die erste Hälfte des Tadels

2. Ich tadle mein Kind möglichst bald nach seinem Fehlverhalten.
3. Ich sage ihm *genau*, was es getan hat.
4. Ich zeige meinem Kind sehr deutlich, welche *Gefühle* sein Verhalten in mir hervorgerufen hat.
5. Ich bin still – mache eine sehr unangenehme Pause von wenigen Sekunden –, damit das Kind *nachempfinden* kann, wie ich mich fühle.

Die zweite Hälfte des Tadels

6. Ich werde ruhig, *berühre* mein Kind sanft und zeige ihm, daß ich auf seiner Seite bin.
7. Ich erkläre meinem Kind, daß sein Verhalten nicht in Ordnung war, trotzdem aber bin ich davon überzeugt, daß es ein *gutes* Kind ist. Ich sage meinem Kind, daß ich es als Mensch achte und schätze.
8. Ich sage meinem Kind: »Ich hab' dich lieb!« und nehme es in den Arm. Der Tadel ist damit vorbei – ein für allemal. Ich spreche danach nicht mehr darüber.
9. Im Laufe des Tages habe ich ein offenes Ohr für alles, was meinem Kind auf dem Herzen liegt.

10. Ich mache mir klar, daß es nur eine Minute kostet, mein Kind liebevoll zu tadeln, während ihm die positive Wirkung des Tadels eine Hilfe für sein ganzes weiteres Leben ist.

* * *

An jenem Abend schaute sich ihr Mann die Notizen an. Er hätte wahrscheinlich nicht an die Wirksamkeit der Minuten-Erziehung geglaubt, hätte seine Frau die Resultate dieser Methode nicht mit eigenen Augen gesehen und bestätigt. Sie war davon überzeugt, daß diese Methode funktionierte; es gab keinen Zweifel!

Jeder Mensch, sie selbst eingeschlossen, mache manchmal Fehler, erklärte die junge Frau. Und es sei fair, dafür einen 1Minuten-Tadel zu erhalten, weil dabei nur am jeweiligen Verhalten, nicht aber an der Person Kritik geübt würde.

Hat es denn nicht jeder Mensch gern – Kinder und Erwachsene –, wenn andere ihn ihre Achtung und Liebe spüren lassen?

Als sie später zum Haus der Minuten-Mutter fuhr, kam sie nicht los von dem Gedanken, wie einfach und wirkungsvoll die drei Prinzipien der Minuten-Erziehung doch wären.

Es war offensichtlich, daß diese Art der Verständigung zwischen Eltern und Kindern den Streß des Familienlebens wesentlich verringerte.

»Aber *warum* funktionierte diese Methode?« fragte sie sich. »Warum ist die Minuten-Mutter bei der Erziehung ihrer Kinder so erfolgreich?«

Die 1Minuten-Mutter erklärt

Die junge Frau erreichte das Haus der Minuten-Mutter am frühen Abend. Es dämmerte und die Straßenlampen brannten bereits.

Diesmal fielen ihr Details auf, die sie beim ersten Besuch nicht bemerkt hatte: Der Rasen vor dem Haus war sehr gepflegt und der Hauseingang hübsch dekoriert.

Das Licht im Haus leuchtete besonders warm und einladend. Es war nicht das Licht normaler Glühbirnen, sondern der Schein pastellfarben getönter Glühbirnen, wie sie sie einmal im Hause eines Innenarchitekten gesehen hatte. Die Minuten-Mutter hatte offensichtlich einen ausgesprochenen Sinn für all die vielen Kleinigkeiten, die das Leben angenehmer und schöner machen.

Die Minuten-Mutter begrüßte sie mit einem wohlwollenden Lächeln und der Frage: »Nun, was haben Sie bei Ihren Nachforschungen herausgefunden?«

»Eine ganze Menge!« antwortete die Besucherin.

»Erzählen Sie, ich bin sehr gespannt darauf!«

»Ich weiß jetzt, warum Sie ›1Minuten-Mutter‹ genannt werden. Sie und die Kinder setzten sich 1Minuten-Ziele und sorgten dafür, daß alle Familienmitglieder wußten, welches Ziel jeder einzelne anstrebte. Sie sagten den Kindern genau, was Sie von ihnen erwarteten und achteten darauf, wann sie etwas richtig machten, um sie mit einem 1Minuten-Lob belohnen zu können. Und wenn Ihre Töchter etwas taten, womit Sie nicht einverstanden waren, dann gab es den 1Minuten-Tadel.«

»Ja, genau. Was halten Sie davon?« fragte die Minuten-Mutter.

»Ich bin verblüfft, wie einfach diese Methode ist, und das Ergebnis ist erstaunlich! Bei Ihnen hat sie eben funktioniert!«

»Sie wird auch bei Ihnen funktionieren; Sie müssen nur mit Ihrem ganzen Willen dahinterstehen.«

»Vielleicht haben Sie recht«, erwiderte die junge Frau. »Aber ich würde diese Methode sicherlich eher anwenden, wenn ich wüßte, *warum* sie so gut funktioniert.«

»So geht es uns allen. Je mehr wir etwas verstehen, desto eher machen wir selbst davon Gebrauch. Ich will Ihnen gerne sagen, was ich darüber weiß. Womit soll ich beginnen?«

»Als ich mit Ihren Töchtern sprach, hatte ich den Eindruck, daß sie sehr glücklich und voller Lebenskraft sind. Ist das ebenfalls ein Verdienst der Minuten-Erziehung, weil sie weniger Zeit und Kraft beansprucht?«

»Nicht ganz. Es soll nicht heißen, daß man mit weniger Zeitaufwand eine genauso gute Mutter ist. Man braucht selbstverständlich oft mehr als eine Minute, um mit bestimmten Problemen umgehen zu können. Der Begriff ›1Minuten-Erziehung‹ ist mehr symbolisch gemeint. Aber in vielen Situationen bewirkt eine bewußt genutzte Minute im Umgang mit Ihrem Kind mehr als ziellose Gespräche, wie man sie sich ebenso vorstellen könnte.

Meine Töchter und ich – und jede andere Frau, die sich für die 1Minuten-Erziehung entscheidet – haben ganz einfach deshalb mehr Energie, weil wir mit unseren Kindern anders umgehen als die meisten Mütter.

Zu viele Mütter sind erschöpft«, sagte die Frau, »weil sie ihre Kinder nach der ›Hausfrauen-Methode‹ erziehen.«

»Was meinen Sie damit?«

»Die meisten Mütter glauben immer noch, daß ihre wichtigste Aufgabe darin besteht, das Haus in Ordnung zu halten – sie putzen und räumen ständig auf oder überwachen eine andere Person, die diese Arbeit für sie erledigt. Wenn das Haus sauber ist, fangen sie wieder von vorn an; eine frustrierende, unproduktive Arbeit. Sie haben nie das Gefühl, vorwärtszukommen.

Hinzu kommt«, fuhr die Minuten-Mutter fort, »daß viele Frauen mit ihren Kindern in der gleichen Weise umgehen.

Was tun denn die meisten Mütter, wenn ihre Kinder brav sind ... oder«, fügte die Mutter lächelnd hinzu, »wenn sie still und außer Sichtweite sind?«

»Sie beachten die Kinder dann nicht mehr«, antwortete die junge Frau.

»Genau«, sagte die Minuten-Mutter. »Für sie besteht dann keine Notwendigkeit, etwas zu tun. Als wäre Erziehung in erster Linie gleichsetzbar mit dem Lösen von Problemen und dem Maßregeln der Kinder. Ein artiges Kind zu erziehen hieße für diese Frauen soviel wie ein Haus zu putzen, das bereits sauber ist.«

»Was würden Sie denn mit einem braven Kind machen?« fragte die junge Frau.

»Denken Sie doch einmal darüber nach, was Sie in den letzten Tagen gesehen und gehört haben«, meinte die Mutter. »Wieviel Zeit haben meine Töchter darauf verwendet, sich mit Verhaltensproblemen der Kinder zu befassen?«

»Nun, wenn ich jetzt darüber nachdenke, dann widmeten sie den Problemen eigentlich ziemlich wenig Zeit«, sagte die Besucherin. »Sie beschäftigten sich vielmehr damit, zusammen mit den Kindern Ziele zu bestimmen und die Kinder zu loben, wenn sie etwas richtig machten.«

»Richtig«, sagte die Minuten-Mutter.

»Um Ihnen die Wahrheit zu sagen«, gestand die Besucherin, »als ich Ihre Töchter besuchte, weil ich herausfinden wollte, was es heißt, eine Minuten-Mutter zu sein, fragte ich mich, ob das alles Wirklichkeit oder Märchen sei. Alles schien so einfach und wunderbar. So etwas hatte ich vorher nie erlebt.«

Die Minuten-Mutter nickte zustimmend und erwiderte: »Viele Frauen wissen nicht, wie leicht es sein könnte, Kinder zu erziehen. Ihnen wurde immer nur gesagt, es sei eine schwierige, äußerst vielschichtige Aufgabe. Sie erziehen ihre Kinder so, wie sie es bei anderen gesehen haben. Sie versuchen, ihre Kinder zu belehren, wenn sie unartig sind – gerade dann, wenn sie sich aufgrund ihres Fehlverhaltens sowieso schlecht fühlen, wenn sie widerspenstig sind und sich nur selbst rechtfertigen wollen. Dabei muß man nur den richtigen Zeitpunkt abwarten, um Kindern etwas beizubringen. Man muß nur abwarten, bis sie ausgeglichen und aufgeschlossen sind.«

»Ich glaube zu verstehen, wovon Sie sprechen«, sagte die Besucherin. »Vielleicht könnten Sie es mir verdeutlichen, wenn Sie mir noch einige nicht geklärte ›Warum-Fragen‹ beantworten? Könnten wir mit der 1Minuten-Zielsetzung anfangen. Warum funktioniert sie so gut?«

Warum 1Minuten-Ziele funktionieren

»Es gibt mehrere Gründe, warum 1Minuten-Ziele so gut funktionieren«, sagte die Minuten-Mutter. »Vielleicht kann ich es Ihnen mit einigen Vergleichen verdeutlichen.«

Daraufhin forderte sie ihre Besucherin auf, einen Blick auf den Rasen zu werfen, und fragte: »Was würde passieren, wenn Golfbälle die gleiche Farbe wie das Gras hätten?«

Die junge Frau schmunzelte über diesen Einfall. Sie überlegte kurz und sagte dann: »Vermutlich machte das Golfspielen weniger Spaß.«

»Warum?« fragte die Mutter.

»Weil es viel Zeit kostete, den Ball wiederzufinden, da er sich kaum vom Gras abheben würde. Es ist schwer, etwas zu finden, was man nicht sehen kann«, meinte die junge Frau.

»Und was soll das heißen?« fragte die Minuten-Mutter verschmitzt.

Die junge Frau mußte sich ein Lachen verkneifen. Sie wußte nur zu gut, daß die Minuten-Mutter es darauf anlegte, sie die Antworten selbst finden zu lassen. Sie wiederholte langsam: »Es ist schwer, etwas zu finden, was man nicht sehen kann.«

»Stellen Sie sich einmal vor«, meinte die Minuten-Mutter, »Sie spielen Golf mit einer Frau, die normalerweise genauso gut spielt wie Sie. Ihre Golfbälle sind grasgrün, Ihre Gegnerin benutzt jedoch schöne, neue, weiße Bälle.«

Die junge Frau lachte und sagte: »Ich glaube, an dem Spiel hätte ich keine Freude.«

»Warum nicht?«

»Weil meine Gegnerin im Vorteil wäre, und das ist nicht fair. Ich hätte doch keine Chance gegen sie.«

»Stimmt«, bestätigte die Mutter, »besonders wenn Sie sich mit jemandem messen, der schnell findet, was er sucht; daran werden Sie keinen Spaß haben. Für Ihre Gegner ist es ein leichtes Spiel.«

»Sie wollen damit also sagen«, begann die junge Frau, »daß es mit der Kindererziehung genauso ist. Es ist leichter und man hat mehr Freude daran, wenn man ein klares Ziel vor sich sieht.«

»Genau! Jeder Mensch möchte Erfolg haben, sich verbessern und auf andere einen guten Eindruck machen. Wenn man sich die eigenen Ziele jeden Tag mehrmals eine Minute lang bewußt vor Augen hält, ist es viel leichter, sie zu erreichen.«

Die Minuten-Mutter ging zu ihrem Schreibtisch und zeigte der Besucherin abermals eine Karte mit einem Spruch. »Schauen Sie sich diesen Satz an; Menschen, die wirklich etwas vom Leben und von der Welt verstehen, bezeichneten ihn als eines der größten Geheimnisse.«

*

Was wir uns in Gedanken
immer wieder vorstellen,
das erreichen wir auch.

*

»Manchen Leuten ist dieses ›Geheimnis‹ schon seit langer Zeit bekannt. Seit jeher streiten sich die intelligentesten Menschen über gewisse Fragen. Doch alle großen Philosophen sind sich darin einig: Wir sind, was wir denken.

Moderne Wissenschaftler nennen dies ›Visualisierung‹ – man stellt sich etwas vor, malt sich etwas in Gedanken genau aus, bevor es überhaupt existiert. Dies mag einigen Leuten ziemlich suspekt oder mystisch vorkommen. Ich halte es jedoch für ein ausgezeichnetes Erfolgsmittel. Wie ich schon sagte, haben einige Menschen diese Lektion schon sehr früh gelernt. Shakespeare sagte einmal: ›Alle äußeren Dinge sind bereit, hätten wir doch nur die innere Bereitschaft dafür.‹«

»Demnach«, folgerte die Besucherin, »sind 1Minuten-Ziele auch für Kinder eine einfache Methode, sich ihre Ziele vor Augen zu führen.«

»Ja, aber sie helfen nicht nur Kindern, schriftlich festgehaltene Ziele sind auch für Eltern nützlich. Und sieht man einmal davon ab, daß sie ein Erfolgsinstrument sind, so erleichtern sie kleinen und großen Leuten das Leben auch insofern, als sie eine der größten Barrieren unserer Zeit beseitigen.«

»Und die wäre?«

»Die Angst – eine wahre Geißel unserer modernen Zeit!« antwortete die Minuten-Mutter. »Angst und Unsicherheit gibt es bei Kindern und Eltern. Beide wissen nicht, was sie von sich selbst und von anderen zu erwarten haben. Bestimmt haben Sie selbst schon erlebt, daß man schlechtere Leistungen erbringt, wenn man ängstlich und nervös ist.«

»Können Sie mir an einem Beispiel verdeutlichen, wie und warum Angst gute Leistungen verhindert?« bat die Besucherin.

»Stellen Sie sich vor«, begann die Minuten-Mutter, »Sie müßten über einen schmalen, zehn Meter langen Balken laufen, der auf dem Boden liegt und an dessen Ende ein Hundertmarkschein ist. Er gehört Ihnen, wenn Sie bis zum anderen Balkenende durchhalten. Glauben Sie, Sie könnten das schaffen – für einhundert Mark?«

»Natürlich, das ist doch nicht schwer.«

»Gut. Würden Sie dasselbe tun, wenn der Balken vom fünfzigsten Stockwerk eines Hochhauses zu einem benachbarten Hochhaus führen würde? Es wäre windstill und am anderen Ende befände sich wieder ein Hundertmarkschein. Würden Sie es wagen und das Geld holen?«

Kopfschüttelnd winkte die Besucherin ab: »Niemals!«

»Und wenn Sie fünfhundert Mark bekämen?«

»Ich würde es nicht für tausend Mark riskieren!«

»Warum nicht?«

»Weil ich Angst davor hätte, in die Tiefe zu stürzen«, gab die Besucherin zu. »Selbst wenn ich es versuchte, glaubte ich, auf halbem Wege steckenzubleiben. Ich wäre bestimmt vor Angst gelähmt.«

»Sie sagen es! Angst kann Menschen lähmen. Eine der schlimmsten Ängste ist die Angst vor dem Unbekannten. Minuten-Ziele funktionieren, weil sie uns die Angst vor der Ungewißheit nehmen. Kinder werden durch die Zielsetzungen angeregt, ihre Leistungen ständig zu verbessern«, meinte die Mutter.

»Warum? Und wie funktioniert es? Können Sie mir wieder ein Beispiel geben?«

Die Minuten-Mutter lächelte und sagte: »Sie wollen wirklich verstehen, warum die Minuten-Erziehung so wirkungsvoll ist, nicht wahr?«

»Mir liegt sehr viel daran!«

»Nun gut. Ein Beispiel wäre das Verhalten der Menschen in London während des Zweiten Weltkriegs. Die Stadt wurde regelmäßig bombardiert. Als dann der Krieg zu Ende ging und die Bombenangriffe nachließen, schauten die Leute nach wie vor angstvoll zum Himmel. Sie konnten und wollten sich einfach noch nicht darauf verlassen, daß keine Bomben mehr fallen würden.«

»Das erinnert mich an einige Familien, die ich in den letzten Wochen besuchte. Die Kinder wußten nie, wann die nächste ›Bombe hochgehen‹ würde«, erläuterte die Besucherin.

»Das haben Sie gut gesagt!« erwiderte die Mutter. »Doch zurück zu dem Beispiel: Wann, vermuten Sie, suchten die Menschen in London wohl häufiger psychologische und psychiatrische Behandlung – während des Krieges, als die Städte bombardiert wurden, oder nach dem Krieg, als keine Bomben mehr fielen und ihr Leben weniger gefährdet war?«

»Ich möchte mich nicht festlegen.«

»Die englischen Gesundheitsbehörden stellten fest«, sagte die Mutter, »daß nach dem Krieg, als die unmittelbare Bedrohung vorbei war, die Zahl der psychisch Kranken wesentlich höher war. Die Menschen konnten mit der akuten Bedrohung besser umgehen, als mit der Angst vor dem Unbekannten. Nicht zu wissen, was auf einen zukommt, beunruhigt und führt sogar zum Verlust des inneren Gleichgewichts.«

»Genauso verhält es sich bei Kindern: Auch für sie ist es beunruhigend, wenn sie nicht wissen, was auf sie zukommt.«

Die Minuten-Mutter klatschte in die Hände und meinte anerkennend: »Sie haben es verstanden!«

Dann schenkte sie der Besucherin und sich noch eine

Tasse Kaffee ein. »Sie sind eine aufmerksame Zuhörerin«, sagte sie, »und Sie denken sehr genau mit.

Ich habe ein gutes Gefühl dabei, Ihnen mein Wissen und meine Erfahrungen weiterzugeben. Ich spüre, daß ich damit meine Zeit sinnvoll nutze, denn was Sie von mir lernen, werden Sie wahrscheinlich auch praktisch anwenden, und das macht mich froh.«

Die Minuten-Mutter streckte ihre Hand aus und berührte den Arm ihrer Besucherin. Es war eine Geste des Lobes und der Anerkennung.

Ihr Gast strahlte. Es tat gut, die Wertschätzung der Minuten-Mutter zu spüren. Sie kostete dieses wunderbare Gefühl voll aus und sagte dann: »Ich weiß, daß Sie mir gerade ein 1 Minuten-Lob gegeben haben. Das war eine schöne Erfahrung für mich. Doch was mich überrascht ist, wie intensiv dieses Gefühl ist. Ich weiß genau, was Sie tun, aber es ist trotzdem sehr angenehm!«

»Wissen Sie denn, warum es so ein gutes Gefühl ist?« fragte die Mutter. »Weil Sie sich anerkannt fühlten. Sie wußten, daß das Lob ehrlich gemeint war.«

Die Besucherin wollte etwas sagen, aber die Minuten-Mutter ahnte ihre Frage schon im voraus. »Lassen Sie mich raten«, sagte sie. »Sie möchten jetzt wissen, warum das 1Minuten-Lob so gut wirkt?«

»Sie haben mir die Worte aus dem Mund genommen. Ja, warum ist denn das 1Minuten-Lob so wirkungsvoll?«

Warum das 1Minuten-Lob funktioniert

»Das 1Minuten-Lob wirkt, weil es so *natürlich* ist«, erklärte die Minuten-Mutter.

»Natürlich?« fragte die Besucherin.

»Ja. Denken Sie doch einmal daran, wie Eltern auf die ersten Worte und die ersten Schritte ihres Kindes reagieren.«

Die Besucherin überlegte einen Moment und sagte dann: »Die Eltern stellen das Kind auf die Beine, fassen es an den Händen und gehen ein paar Schritte mit ihm.«

»Und was sagen sie zu dem Kind?«

»Sie sind begeistert über jeden kleinsten Schritt, den das Kind tut, nennen es ›Sausewind‹ und loben es überschwenglich.«

»Und was passiert, wenn das Krabbelkind sich eines Tages zum ersten Mal am Tisch festhält und allein aufsteht?«

Die Besucherin lächelte. »Die Eltern lassen alles liegen und stehen, um zu applaudieren und sich über die Leistung des Kindes zu freuen.«

»Und was noch?«

»Sie umarmen das Kind, sagen ›Sieh, was du geschafft hast! Noch dazu ganz allein! Was bist du doch für ein tüchtiges Kind!‹«

»Ja, genau«, stimmte die Mutter zu. »Überlegen Sie mal! Kommt Ihnen das nicht bekannt vor?«

Die junge Frau dachte nach und sagte dann: »Es klingt wie ein 1Minuten-Lob.«

»Es ist ein Minuten-Lob. Eltern reagieren bei kleinen Kindern ganz spontan mit Lob und Anerkennung.«

»Lassen Sie uns einen Schritt weitergehen«, meinte

die Mutter. »Was tun Eltern als nächstes, wenn das Kind gelernt hat, allein aufzustehen?«

»Sie breiten die Arme aus und ermutigen es, ein paar Schritte auf sie zuzugehen, wobei sie natürlich aufpassen, daß das Kleine nicht stürzt.«

»Denken Sie mal einen Moment darüber nach«, erwiderte die Mutter. »Die Eltern regen das Kind stets dazu an, Schritt für Schritt laufen zu lernen und damit ein Ziel zu erreichen. Wie reagieren die Eltern, wenn das Kind ihrer Aufforderung folgt und weitergeht?«

»Sie loben das Kind in höchsten Tönen.«

»Ganz genau! Es ist nur natürlich, Kindern Ansporn zu geben, damit sie dann alleine weiterüben und Vertrauen in die eigenen Fähigkeiten gewinnen.«

Die Besucherin hatte verstanden, worauf die Mutter hinaus wollte. Sie sagte leise, als spräche sie nur zu sich: »Das Kind lernt und die Eltern sind glücklich.«

»Ja, Anerkennung und Lob wirken«, meinte die Minuten-Mutter. »Sie lösen auf beiden Seiten Motivation aus: Die Kinder lernen schneller und gleichzeitig empfinden die Eltern mehr Freude.

Genauso ist es, wenn ein Kind sprechen lernt. Angenommen Ihr Kind soll künftig sagen, wenn es durstig ist: Was würde passieren, wenn Sie als Mutter darauf warteten, daß Ihr Kind sagt ›Kann ich bitte etwas zu trinken haben?‹«

»Dann würde mein Kind wohl fast verdursten.«

Die Mutter lächelte und sagte: »Ich glaube, Sie haben recht. Was wäre, wenn Sie nur das Wort ›trinken‹ erwarteten?«

»Dann würde dasselbe passieren.«

»Mit Sicherheit. Was würden Sie also tun?«

»Bestimmt würde ich nicht darauf warten, daß es sein Bedürfnis in Worten ausdrückt.«

»Richtig. Wenn es sich durstig gebärdet und – wenn es bereits älter ist – etwas wie ›inken, inken‹ andeutet: Wie würden Sie reagieren?« fragte die Minuten-Mutter. »Und bedenken Sie, es ist das erste Wort des Kindes!«

»Ich wäre außer mir vor Freude«, erwiderte die junge Frau. »Ich würde das Kind in den Arm nehmen und ihm sagen, wie großartig es ist. Offengestanden würde ich sofort meine Mutter anrufen.«

Die Mutter lachte und sagte: »Das wäre eine ganz normale Reaktion – mit dem Vorteil, daß Ihr Kind das Sprechen schneller erlernte, als wenn Sie von vornherein Worte und Sätze erwarteten. Sie sind begeistert, weil es sich zielorientiert ausdrücken und ein Wort beinahe richtig aussprechen konnte.

Entscheidend ist auch, daß Sie nicht zögerten, sich so zu verhalten. Sie überlegten nicht, wie eine gute Mutter wohl handeln würde. Sie reagierten spontan und verließen sich dabei auf Ihren Instinkt. Das ist meiner Meinung nach der wichtigste Aspekt, wenn man als Mutter erfolgreich sein will.

Für den Fall, daß ich mir in einer Sache vollkommen unschlüssig bin, kenne ich nur einen Gedanken, der mit weiterhilft.«

»Und der wäre?« fragte die junge Frau interessiert.

*

Wichtiger
ist mir,
gleich das Richtige
zu tun,
statt zu warten, um es
irgendwann einmal
perfekt zu tun.

*

»Kinder gewinnen um so mehr Selbsteinschätzungsvermögen«, fuhr die Mutter fort, »je öfter sie gelobt werden, wenn sie etwas richtig – oder beinahe richtig – machen.

Jeder Mensch braucht ehrlich gemeinte Anerkennung, auch wenn das, was er gerade tut, in den Augen anderer keine außergewöhnliche Leistung ist.

Nun möchten Sie natürlich nicht, daß Ihr Kind auch noch mit zehn Jahren ›inken‹ verlangt.«

Die Besucherin schmunzelte.

»Sie werden Ihr Kind deshalb frühzeitig ermutigen, immer besser zu sprechen, und Sie werden jeden Fortschritt anerkennen, bis es richtig sprechen kann.

Sie sagten zuvor auch, Sie würden Ihr Kind in den Arm nehmen, wenn es anfängt zu reden. Mein Kompliment, das ist ebenfalls eine natürliche und förderliche Reaktion.«

»Ist der Körperkontakt wirklich so wichtig?« fragte die Besucherin. »Was ist, wenn mein Kind bereits ein Teenager ist und nicht mehr umarmt werden will? Welche Bedeutung hat eigentlich das sanfte Berühren, das Anfassen bei einem 1Minuten-Lob?«

»Die Körperberührung ist sehr wichtig!« antwortete die Mutter. »Sehr früh schon gab es bereits eine interessante Untersuchung, die dies nachweist.

Ein mächtiger Kaiser im fünfzehnten Jahrhundert wollte einmal herausfinden, wie Menschen sprechen lernen. Er fragte sich, ob man Sprechen lernen könne, ohne jemals die menschliche Sprache zu hören. Für seinen Versuch ließ er Müttern und Vätern ihre Neugeborenen wegnehmen und teilte die Kleinen in zwei Gruppen. Die erste Gruppe wurde nahezu normal aufgezogen. Pflegeschwestern redeten und spielten mit den Kindern, gaben ihnen Zuwendung und Wärme.

Bei der zweiten Gruppe mußten sich die Pflegerinnen ganz anders verhalten: Wie Roboter fütterten und wickelten sie die Babys, ohne mit ihnen zu sprechen oder sie liebevoll zu berühren. Monatelang lagen die Kinder so in ihren Bettchen.«

Die junge Frau war entsetzt und sagte: »Diese Geschichte kommt mir wie ein grausames Experiment vor, nicht wie eine wissenschaftliche Untersuchung. Ich hätte keines der verlassenen Babys sein mögen.«

»Sie haben recht. Es war grausam. Was glauben Sie, geschah mit den Kindern?«

»Nun, bestimmt lernten sie das Sprechen nicht gerade gut«, sagte die junge Frau. »Und außerdem: Ich kann mir nicht vorstellen, daß aus ihnen glückliche Menschen geworden wären.«

»Warum nicht?« fragte die Mutter.

»Kinder brauchen Zuwendung, Liebe und Körperkontakt. Man muß mit ihnen sprechen, sie in den Arm nehmen ... kurz: Sie müssen das Gefühl haben, daß sie uns wichtig sind.«

Dann fragte die Besucherin: »Und was geschah mit den Kindern nun wirklich?«

»Nach einem Jahr waren sie alle gestorben.«

Die junge Frau war schockiert. Sie wußte nicht, was sie sagen sollte. Dann schluckte sie und fragte: »Was sagten Sie?«

»Sie haben richtig gehört«, antwortete die Mutter. »Die erste Gruppe der Kinder entwickelte sich ganz normal. Doch die Kinder der zweiten Gruppe, bei der alle materiellen Grundbedürfnisse, wie Nahrung, Wärme und Kleidung, erfüllt worden waren, starben alle im Laufe eines Jahres.«

»Mein Gott!« rief die junge Frau aus. »Das ist ja furchtbar!« Dann fragte sie nachdenklich: »Warum starben die Kinder?«

»Die Ärzte und Psychologen heute kommen bei Kindern, die – aus welchen Gründen auch immer – ähnlich vernachlässigt wurden, zum gleichen Ergebnis«, erklärte die Mutter. »Aufgrund ihrer genauen Studien an gesunden und kranken Kindern sind sie zu dem Schluß gekommen, daß Säuglinge keine Lebensfähigkeit entwickeln, wenn sie sich nicht geborgen fühlen und keinerlei Zuwendung erfahren.«

»Das verstehe ich nicht«, gestand die junge Frau.

»Eigentlich versteht keiner diesen Zusammenhang so richtig«, sagte die Mutter. »Entscheidend ist die emotionale Bindung zwischen dem Kind und der Pflegeperson. Um zu überleben, ist das Baby ja völlig auf einen anderen Menschen angewiesen. Es braucht jemanden, der es umsorgt, bis es sich allein weiterhelfen kann.

Offensichtlich brauchen Kinder Liebe zum Wachsen. Wenn sie nicht genug Zuwendung bekommen, können sie weder körperlich noch geistig gedeihen. Wenn sie gar keine Liebe bekommen, verfehlen sie das Ziel ihres Lebens.«

»Ich hatte keine Ahnung, daß körperlicher Kontakt so wichtig ist«, gestand die junge Frau.

»Berührung ist wahrscheinlich die ehrlichste Form der Verständigung«, sagte die Mutter. »Und weil sie ehrlich ist, ist sie besonders wirkungsvoll.

In vielen Untersuchungen wurde nachgewiesen, welche Macht von der körperlichen Berührung ausgeht«, ergänzte die Mutter. »Verhaltensforscher machten einmal einen interessanten Versuch. Sie ließen eine Geldmünze in einer Telefonzelle liegen und fragten anschließend jede Person, die die Telefonzelle benutzt hatte, ob sie das Geldstück gefunden habe.

Die Leute wurden jedesmal gefragt: ›Entschuldigung, haben Sie ein Markstück gefunden?‹ Ein Teil der

Leute wurde während dieser Frage leicht am Arm berührt, andere wiederum nicht.«

»Reagierten die Leute auch unterschiedlich?« fragte die junge Frau.

»Ja, allerdings. Von den Leuten, die nicht berührt wurden, gaben weniger als fünfzig Prozent zu, das Geld gefunden zu haben. Von den Leuten, die berührt wurden, gaben mehr als neunzig Prozent das Geld zurück – noch dazu mit einem Lächeln!«

»Das ist ja atemberaubend!« rief die Besucherin. »Körperkontakt bewirkt offenbar eine positivere Einstellung; man ist eher bereit, für andere etwas zu tun. Vielleicht kommt daher auch der Ausdruck ›Ich bin gerührt.‹«

»Ja, das ist gut möglich. Aber denken Sie daran«, meinte die Mutter, »je ehrlicher Sie sind, desto besser!

Interessant ist auch, daß neben der körperlichen Berührung der Blickkontakt eine große Rolle spielt. Die meisten Eltern berücksichtigen diesen Aspekt zu wenig. Sie könnten ihre Kinder viel öfter mit den Augen ›berühren‹. Ich muß mich selbst immer wieder daran erinnern.«

*

Ich nehme mir jeden Tag
mehrmals die Zeit,
um meinen Kindern bewußt
in die Augen zu sehen.

*

»Kinder brauchen unsere Beachtung«, sagte die Mutter. »Darum gehört es zu den wichtigsten Aufgaben einer Mutter, Aufmerksamkeit und Anerkennung zu geben. Ich muß sagen, es hat mir Freude gemacht, daß ich meinen Kindern diese ›Nestwärme‹ geben konnte.

Aber es gibt noch etwas Wichtiges. Ich machte meinen Kindern klar, daß auch ich Zuwendung und Anerkennung brauche. Ich bat sie deshalb, mich zu loben und in den Arm zu nehmen, wenn ihnen ehrlich danach zumute war. Ich erklärte ihnen, daß es mir ähnlich gut tun würde, wenn sie zu mir kämen, mich umarmten und sagten, ›Du bist prima, Mutti. Ich liebe dich.‹«

»Und, taten sie es?« fragte die junge Frau.

»Ja. Sie tun es immer noch!

Möchten Sie wissen, wie ich meine Kinder hin und wieder daran erinnerte?«

»Wie denn?« fragte die Besucherin.

»Ich klebte ein Schild an die Kühlschranktür.«

»Und was stand darauf?«

Die Mutter nahm ein Blatt Papier und schrieb:

*

Mütter
haben auch
Gefühle.

*

»Großartig!« sagte die junge Frau. »Das werde ich mir merken.«

»Wenn Lob Kindern hilft, sich besser zu fühlen«, fuhr die Mutter fort, »warum sollten wir nicht das gleiche Prinzip auf die Eltern übertragen? Sie verdienen doch auch Anerkennung!

Dabei bekommen die Kinder gleichzeitig die Gelegenheit, sich im Loben zu üben.

Und sie erfahren«, sagte die Mutter, »daß sie für sich Erfolge verbuchen können. Auch Eltern wiederholen ihr Verhalten, wenn sie dafür gelobt wurden. Das kann ich aus eigener Erfahrung bestätigen.«

»Sie müssen mir glauben«, sagte die junge Frau, »nachdem ich dies alles von Ihnen so direkt gehört habe , verstehe ich viel besser, warum das 1Minuten-Lob bei Eltern und Kindern so gut wirkt.«

Dann machte sie eine lange Pause und fragte: »Und was ist nun mit dem 1Minuten-Tadel?«

Über diese Hartnäckigkeit mußte die Minuten-Mutter staunen. »Auf diese Frage habe ich schon gewartet«, war die Antwort.

Warum der 1Minuten-Tadel funktioniert

»Es gibt zwei gute Gründe dafür, warum der 1Minuten-Tadel so gute Erfolge erzielt«, sagte die Mutter. »Er verringert den Streß und verbessert das Ergebnis.«

»Das verstehe ich nicht«, sagte die Besucherin. »Ich dachte, der Minuten-Tadel wird in gespannten Situationen eingesetzt. Warum reduziert er den Streß? Ich würde eher vermuten, daß Spannungen dadurch noch erhöht würden.«

»Lassen Sie mich einmal von meiner Lieblingsreklame im Fernsehen berichten«, sagte die Mutter.

Die Besucherin schmunzelte. Sie wußte, daß die Mutter ihr jetzt wieder eine besonders anschauliche Erklärung geben würde.

»Es ist ein Werbespot für Motoröl. Ein Mann hält mir eine Dose Öl bester Qualität entgegen, die ich seiner Meinung nach kaufen sollte. Dieses Öl sei den etwas höheren Preis wert, sagt er und verspricht, daß mein Auto garantiert besser laufen und ich weniger Probleme damit haben werde.«

Dann meinte die Mutter: »Sie können sich sicher gut vorstellen, daß ich bis zu jener Stelle nicht im geringsten daran interessiert wäre, dieses Öl zu kaufen.«

Die Besucherin lachte und sagte: »Ich weiß, was Sie meinen. Ich möchte mich nur in mein Auto setzen und losfahren – ohne Probleme.«

»Ja, so geht es uns doch allen!« stimmte die Mutter zu. »Im Grunde möchte ich überhaupt nichts an meinem Auto machen müssen. Ich möchte nur, daß es immer fahrbereit ist. Doch der Werbespot geht noch weiter.

Der Mann beugt sich nach vorn, geht ganz dicht an die Kamera und sagt mit ruhiger Stimme: ›Sie haben die Wahl. Sie können jetzt bezahlen ... oder ...‹. Dann wechselt das Bild und man sieht, wie mit einem Kran langsam der Motor eines Autos herausgehoben wird, während der Mann sagt: ›... oder Sie bezahlen später.‹«

Die Minuten-Mutter lachte und meinte: »Gilt das nicht für viele Dinge im Leben? Wir können jetzt einen geringen Preis zahlen, oder wir bezahlen später eine große Summe.

1Minuten-Tadel funktionieren, weil sie uns helfen, jetzt einen kleinen Preis zu bezahlen, indem wir uns sofort mit den auftretenden Problemen auseinandersetzen, anstatt später einen hohen Preis zu bezahlen, wenn die Schwierigkeiten nicht mehr kontrollierbar sind.«

»Wenn nämlich später der große Ärger kommt«, merkte die junge Frau an, »ist nicht nur das Kind davon betroffen, sondern die ganze Familie.«

»Das ist wahr. Doch lassen Sie uns noch einen Moment über das Beispiel mit dem Auto nachdenken«, schlug die Mutter vor. »Bei jedem Auto gibt es eine ganz normale Abnutzung und einen Verschleiß des Motors. Das Öl schmiert die beweglichen Teile und reduziert somit die Abnutzung. Wenn wir uns aber nicht um das Öl kümmern, wächst der Verschleiß im Motor, bis er irgendwann nicht mehr funktionsfähig ist.

Das gleiche gilt für unsere Kinder«, erklärte die Mutter. »In unserem täglichen Leben gibt es Abnutzungs- und Ermüdungserscheinungen durch Fehler, die jeder macht. Probleme sind also unvermeidlich, sie gehören zum Leben.

Wenn wir die Probleme ignorieren, werden sie nur noch schlimmer.

Doch nicht die Probleme sind das Problem, sondern die Art, wie wir mit den Problemen umgehen«, fuhr die Mutter fort. »Und darum gefällt mir das Prinzip des 1Minuten-Tadels so gut: Er ist ein sehr attraktives Angebot, um mit schwierigen Situationen fertigzuwerden.«

»Inwiefern kann denn ein Tadel attraktiv sein?« fragte die Besucherin.

»Bevor ich darauf antworte«, meinte die Minuten-Mutter, »möchte ich Ihnen eine Frage stellen: Wovor haben Kinder am meisten Angst?«

»Das ist schwer zu sagen «, antwortete die Besucherin.

»Denken Sie doch einmal nach. Wovor hatten Sie am meisten Angst, als Sie noch ein Kind waren?«

Die junge Frau überlegte. »Als ich noch sehr klein war, hatte ich große Angst davor, meine Eltern würden mich im Supermarkt oder sonstwo vergessen, und ich könnte nicht den Weg nach Hause finden.

Wenn sie abends einmal ausgingen und ein Babysitter bei mir war, machte ich mir große Sorgen, ob sie auch wieder zurückkommen würden. Ich weiß, es klingt merkwürdig, aber ich kann mich noch sehr gut an dieses Gefühl erinnern.«

»Und es machte Ihnen große Angst, nicht wahr?«

»Oh, ja. Aber meine Eltern ließen mich nie im Stich. Trotzdem hatte ich immer Angst davor.«

»Das ist völlig normal. Die Angst, völlig verlassen und hilflos zu sein, ist wirklich die größte Angst eines Kindes. Und gerade darum ist der Minuten-Tadel bei Kindern so wirkungsvoll. Obwohl sie unartig waren und vielleicht sogar sehr schlimme Dummheiten angestellt haben, werden sie nicht zurückgewiesen – nicht verlassen.

Der Schlüssel zum Erfolg liegt darin, daß die Minuten-Mutter Verhalten und Person trennt. Das getadelte Kind weiß, daß nur sein Verhalten kritisiert und zurückgewiesen wird, sein Wert als Mensch davon aber nicht berührt wird.«

Die junge Frau sagte: »Das ist wirklich einleuchtend. So fühlt sich das Kind sicher.«

»Ja«, bestätigte die Mutter. »Darum ist der zweite Teil des 1Minuten-Tadels so wichtig.«

»Meinen Sie den Teil, in dem Sie Ihrem Kind versichern, daß es ein gutes Kind ist und Sie es liebhaben?«

»Genau, darauf kommt es an.«

»Was passiert, wenn eine Mutter ihrem Kind nur sagt, wie sehr sie sich über sein Verhalten ärgert?«

»Die meisten Mütter verfahren so. Doch solche Tadel sind völlig wirkungslos. Das Kind fühlt sich nur angegriffen und wird trotzig. Der Unterschied zwischen einem solchen Tadel und einem Minuten-Tadel mag Ihnen klein erscheinen, in ihrer Wirkung sind sie allerdings in keinster Weise vergleichbar.«

Die Besucherin lächelte und sagte: »Das erinnert mich an die Geschichte von den beiden Frauen bei der Telefonzelle.«

Jetzt war die Mutter an der Reihe zu fragen: »Welche Geschichte meinen Sie?«

»Die eine Frau hat einen Groschen und neun Pfennige bei sich ...«

Die Mutter lachte: »... und die andere hat zwei Groschen!«

Die Besucherin nickte und meinte: »Diese kleine Differenz macht sehr viel aus.«

»Das ist ein ausgezeichnetes Beispiel«, sagte die Mutter.

»Sie meinen also«, faßte die Besucherin zusammen, »daß der Unterschied zwischen Erfolg und Mißerfolg bei einem Tadel darauf beruht, ob das Kind, das sich nicht richtig verhalten hat, weiß, daß nur sein Verhalten mißbilligt wird, es selbst jedoch akzeptiert wird.«

»Ganz richtig!« erwiderte die Mutter. «Verstehen Sie, warum das so entscheidend ist?«

»Ich bin mir nicht ganz sicher«, sagte die junge Frau.

»Was geschieht, wenn Sie eine Orange ausdrücken?« fragte die Mutter. »Was bekommen Sie?«

»Orangensaft«, antwortete die Besucherin. Im stillen dachte sie: »Nun gut, jetzt macht sie wieder dieses Frage- und Antwortspiel mit mir, um mich auf die Lösungen hinzuführen, die ich eigentlich kennen müßte, die mir jedoch noch nicht bewußt sind. – Es macht jedenfalls Spaß!«

»Selbstverständlich«, sagte die Mutter. »Könnten Sie genausogut auch Pampelmusensaft herauspressen?«

»Natürlich nicht. Nicht aus einer Orange.«

»Und wenn Sie die Orange noch mehr ausdrücken?«

Die Besucherin lachte und sagte: »Das wäre Zeitverschwendung. Wir wissen doch schon, was herauskommt.«

»Denken Sie einmal darüber nach, was Sie gerade gesagt haben«, schlug die Minuten-Mutter vor. »Auch wenn wir noch soviel Druck ausüben, es kann nur das herauskommen, was drin ist.

Wenn auf unsere Kinder Druck ausgeübt wird, insbesondere auch durch ihre Kameraden, dann kommt das Verhalten zum Vorschein, das bereits in ihnen steckt – ihr Selbstgefühl.

Kinder, die sich selbst vertrauen, haben ein positives Selbstgefühl und haben von sich aus den Wunsch, sich auch weiterhin positiv zu entwickeln. Dadurch wird unsere Arbeit als Eltern sehr erleichtert.

Bestimmt haben Sie schon einige Male gehört, seitdem Sie das Geheimnis der Minuten-Methode entdeckt haben, daß Kinder, die sich selbst mögen, sich auch positiv verhalten wollen. Sie entwickeln sich zu glücklichen und erfolgreichen Erwachsenen. Es ist eine Freude, sie zu erziehen.«

Dann fügte die Mutter hinzu: »Natürlich sind nicht Sie selbst der wichtigste Erzieher.«

Die junge Frau war verblüfft: »Sie wollen doch wohl nicht sagen, daß der Vater am wichtigsten ist?«

Laut auflachend erwiderte die Mutter: »Aber nein! Das habe ich nicht gemeint. Beide Eltern sind gleich wichtig. Nebenbei bemerkt, die Minuten-Erziehung hat den großen Vorteil, daß sie immer effektiv ist, sei es, daß beide Eltern diese Methode anwenden oder nur ein Elternteil.

Für das Kind sind jedoch nicht Sie oder Ihr Mann der wichtigste Erzieher«, erklärte die Mutter, »sondern der ›innere Lehrer‹, der sich in jedem Kind entwickelt. Diese innere Stimme begleitet das Kind in allen Lebenssituationen und hilft ihm bei allen Entscheidungen.

Ihr Ziel besteht nicht darin, das Kind zurechtzuweisen, sondern ihm Selbstdisziplin zu vermitteln. Anfangs sind Sie dem Kind Vorbild, an dem es sich orientiert. Das ist aber nur der erste Schritt. Wahre Selbstdisziplin besteht darin, sich selbst Ziele zu setzen und diese aus eigenem Antrieb zu verfolgen, bis man sie erreicht hat. Dies geschieht nicht immer auf direktem Weg. Häufig sind Zielkorrekturen nötig; Urteilsfähigkeit und (Selbst-)Einschätzungsvermögen sind dabei entscheidende Hilfen. Sie entfalten sich am besten durch häufiges elterliches Feedback, und darin kommt den Eltern eine besondere Vorbildfunktion zu. Versäumen Sie es nicht, sich hin und wieder (selbst-)kritische Fragen zu stellen:

*

Was passiert,
wenn Sie nicht da sind?

Die Antwort entscheidet darüber,
ob Ihr Kind
Selbstdisziplin besitzt
oder nicht.

*

»Gilt das für beide Seiten?« fragte die junge Frau. »Ich meine, sagten Ihre Kinder auch, wie sie Ihr Verhalten fanden?«

»Das ist ein sehr wichtiger Aspekt. Wenn Kinder ihre Wut und Frustration nicht zeigen dürfen, werden sie unerträglich. Sie quengeln und lungern im Haus herum, sie gehorchen nicht und sind aufsässig. Dann möchte man fast meinen, sie seien die letzten Märtyrer«, meinte die Minuten-Mutter.

»Manchmal war ich so mit anderen Dingen beschäftigt, daß ich nicht merkte, was in den Kindern gerade vorging. Sie vermuteten dann sicher, sie seien mir gleichgültig.

Nachdem sie mir ihre Gefühle aber immer offen gezeigt hatten, stellten wir dann meistens fest, daß unser Problem ein Verständigungsproblem war und nichts damit zu tun hatte, daß sie sich als nicht geliebt betrachteten.«

»Vermutlich wurden solche Schwierigkeiten schnell beseitigt«, sagte die junge Frau.

»Ja. Ich machte meinen Kindern klar, daß sie mir alles sagen konnten, mich kritisieren durften, solange sie mich respektierten und mich nicht persönlich angriffen. Wenn sie mich achteten, hörte ich ihnen auch immer zu.«

»Sie meinen, Sie ließen sich von den Kindern kritisieren?«

»Ja. Mir war es ja auch wichtig, daß sie mir zuhörten. Und der beste Weg, das zu erreichen, ist ...«

»... zuerst *ihnen* zuzuhören«, ergänzte die Besucherin.

Die Mutter lächelte und sagte: »Ich glaube, bei Albert Schweitzer kommt dieser Gedanke vor:

*

Kinder lernen
auf drei Arten:

nach Vorbildern,
nach Vorbildern
und ...

*

»... nach Vorbildern«, fügte die junge Frau hinzu.

Die Mutter sagte: »Sie haben's erfaßt. Ich kann meinen Kindern vormachen, daß es in Ordnung ist, auch einmal ärgerlich und wütend zu sein. Sie sehen dann, daß man Gefühle, auch negative Gefühle, zeigen kann, ohne den anderen zu verletzen, und daß es wichtig ist, diese Empfindungen frühzeitig auszudrücken, solange sie noch kontrollierbar sind und sich nicht über einen längeren Zeitraum angestaut haben.«

Die Besucherin sagte: »Ich denke, gestreßten Müttern würde es ebenfalls guttun, ihren negativen Gefühlen Luft machen zu können, bevor es zu Kindsmißhandlungen kommt. Schuld daran sind doch meistens negative Empfindungen, die sich angestaut haben und dann plötzlich und unerwartet völlig unkontrolliert ausbrechen.«

»Ja, das ist ein wichtiger Punkt. Durch die Anwendung einer gewaltlosen Methode wie dem 1Minuten-Tadel ist es möglich, zwei Dinge zu erreichen: Die eigenen Gefühle auszudrücken und dem Kind positives Feedback zu geben.«

»Das Gute daran ist«, bemerkte die Besucherin, »daß eine Minuten-Mutter keine Schuldgefühle zu haben braucht. Sie muß nicht befürchten, das Selbstvertrauen der Kinder würde Schaden nehmen. Sie weiß, daß das Selbstwertgefühl ihrer Kinder dadurch nicht verletzt wird. Sie können sich zu erfolgreichen und selbstsicheren Erwachsenen weiterentwickeln – aus eigenem Antrieb.

Ich glaube, Ihnen wird auch dies gefallen«, sagte die junge Frau weiter, »Ich habe mir diesen Merksatz aufgeschrieben, um mich stets daran zu erinnern, wie sehr 1Minuten-Ziele, das 1Minuten-Lob und der 1Minuten-Tadel Einfluß nehmen können auf das Verhalten eines Menschen:

*

Ziele
sind der Anfang
neuer Verhaltensweisen.

Erfolge
bewahren
die richtigen Verhaltensweisen.

*

»Ausgezeichnet!« rief die Mutter.

»Finden Sie?« fragte die junge Frau. Sie wollte das Kompliment gern nochmal hören.

»Ich will nicht unfreundlich sein. Aber ich habe keine Zeit, mich zu wiederholen«, entgegnete die Minuten-Mutter.

Gerade als die junge Frau hoffte, sie würde ein Lob bekommen, wurde ihr ein milder Tadel zuteil, was sie vermeiden wollte.

Sie ließ sich aber nichts anmerken und sagte einfach: »Wie bitte?«

Die Frauen schauten sich einen kurzen Moment an und lachten dann beide.

»Ich mag Sie!« sagte die Minuten-Mutter. »Sie haben Sinn für Humor. Sie wollen lernen, was für Sie und Ihre Kinder gut ist, aber nehmen es nicht zu ernst. Sagen Sie, wann werden Sie das Baby bekommen?«

»In drei Monaten«, antwortete die Besucherin.

Daraufhin entgegnete die ältere Frau: »Sie werden sicher eine gute Mutter. Ihr Kind hat Glück!«

Als die beiden Frauen sich voneinander verabschiedeten, umarmten sie sich – ein Zeichen ihrer gegenseitigen Anerkennung und Zuneigung. Sie hatten beide von ihrem intensiven Gespräch profitiert.

In den folgenden Jahren benutzte die junge Frau mit viel Erfolg die Methode der Minuten-Erziehung, denn das Unvermeidliche geschah:

Sie wurde eine Minuten-Mutter.

Die neue 1Minuten-Mutter

Sie wurde eine echte 1Minuten-Mutter, weil sie vom 1Minuten-System überzeugt war und es selbst anwandte.

– Sie ermutigte ihre Familie zu 1Minuten-Zielen.
– Sie gab 1Minuten-Anerkennungen.
– Sie benutzte den 1Minuten-Tadel.

Natürlich wußte sie, daß sie ihren Kindern mehr als eine Minute Aufmerksamkeit geben mußte, um eine gute Mutter zu sein. Aber sie stellte auch schon sehr bald fest, daß sie durch die drei Prinzipien der Minuten-Erziehung jeden Augenblick, den sie ihren Kindern widmete, intensiver erlebte.

Sie umarmte ihre Kinder häufig, schmuste mit ihnen, zeigte auch ihre eigenen Gefühle offen und ehrlich und lachte oft, wenn sie mit ihrer Familie zusammen war.

Und – vielleicht sogar das Wichtigste – sie ermutigte ihre Kinder, die drei Prinzipien der Minuten-Erziehung untereinander anzuwenden.

Sie arbeitete schließlich eine sehr übersichtliche Zusammenfassung des Minuten-Systems in Form eines Spielplans aus. Jedem Kind gab sie eine Kopie, damit diese sich gegenseitig daran erinnern konnten, daß das Leben ein einmaliges und kostbares Abenteuer ist, das man ernst nehmen und respektieren muß, daß es jedoch auch ein Spiel ist, an dem man Spaß haben sollte.

Der »Spielplan« der 1Minuten-Mutter

Ich lehre meine Kinder,
sich selbst zu mögen und
sich aus eigenem Antrieb um gutes Verhalten zu bemühen.
Ich freue mich darüber,
daß meine Kinder sich positiv entwickeln.

Ich gebe Ziele vor, lobe und tadle.

Ich sage immer die Wahrheit und zeige offen meine Gefühle.

Ich nehme meine Kinder oft in die Arme und
lache viel mit ihnen.

ICH ERMUTIGE MEINE KINDER, DIES AUCH ZU TUN.

Spielplan

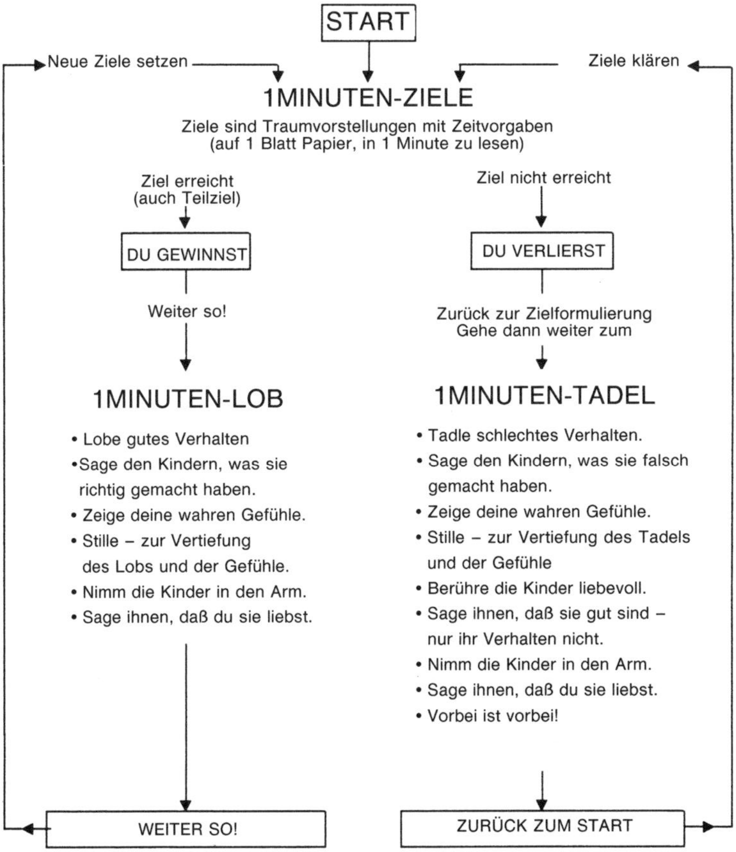
START
Neue Ziele setzen
Ziele klären
1MINUTEN-ZIELE
Ziele sind Traumvorstellungen mit Zeitvorgaben
(auf 1 Blatt Papier, in 1 Minute zu lesen)
Ziel erreicht
(auch Teilziel)
Ziel nicht erreicht
DU GEWINNST
DU VERLIERST
Weiter so!
Zurück zur Zielformulierung
Gehe dann weiter zum
1MINUTEN-LOB
• Lobe gutes Verhalten
•Sage den Kindern, was sie richtig gemacht haben.
• Zeige deine wahren Gefühle.
• Stille – zur Vertiefung des Lobs und der Gefühle.
• Nimm die Kinder in den Arm.
• Sage ihnen, daß du sie liebst.
1MINUTEN-TADEL
• Tadle schlechtes Verhalten.
• Sage den Kindern, was sie falsch gemacht haben.
• Zeige deine wahren Gefühle.
• Stille – zur Vertiefung des Tadels und der Gefühle
• Berühre die Kinder liebevoll.
• Sage ihnen, daß sie gut sind – nur ihr Verhalten nicht.
• Nimm die Kinder in den Arm.
• Sage ihnen, daß du sie liebst.
• Vorbei ist vorbei!
WEITER SO!
ZURÜCK ZUM START

Ein Geschenk für Sie und Ihre Kinder

Viele Jahre später erinnerte sich die Frau an die Zeit, als sie das erste Mal von den Prinzipien der Minuten-Erziehung gehört hatte. Sie war froh, daß sie sich damals notiert hatte, was sie von der 1Minuten-Mutter gelernt hatte.

Sie erinnerte sich an den Mann, der in der Nachbarschaft der 1Minuten-Mutter lebte und sie eines Tages anrief und sagte: »Ich kann Ihnen gar nicht genug danken. Ich wende das 1Minuten-System jetzt selbst an, und es gibt bereits enorme Verbesserungen in meiner Familie.«

»Es interessiert Sie vielleicht«, fügte er hinzu, »daß Väter in bestimmten Situationen anders reagieren als Mütter. Die Prinzipien der Minuten-Erziehung gelten jedoch für Männer *und* Frauen, wenngleich es in der Anwendung ein paar Unterschiede gibt.«

»Das ist wirklich sehr interessant!« sagte sie. »Mir fällt dabei ein, daß die Minuten-Mutter mir damals erzählte, sie habe die Grundregeln der Minuten-Erziehung von einem Mann aus ihrer Nachbarschaft gelernt, der ›Minuten-Vater‹ genannt wurde. Vielleicht sollten Sie mit ihm darüber sprechen, worin die Unterschiede für Väter und Mütter bestehen. Sicherlich wäre das hilfreich für Sie.«

Der Mann bedankte sich und sagte, er werde mit dem 1Minuten-Vater Kontakt aufnehmen.

Die Frau freute sich, daß auch andere Väter diese wunderbare Erziehungsmethode übernommen hatten.

Sie machte sich klar, wieviel sie der 1Minuten-Mutter zu verdanken hatte.

Es machte ihr große Freude, daß sie ihr Wissen an

andere weitergeben konnte, indem sie ihnen Kopien von ihrem Notizbuch gab.

Jeder, der sie kannte, war beeindruckt von ihren Erfolgen als Mutter.

Alle, die selbst eine Kopie ihrer Notizen besaßen, konnten jederzeit nachlesen, warum die Minuten-Erziehung so gut funktionierte, und die drei Prinzipien dieser Methode selbst anwenden. Die Mutter wußte nur zu gut, wie wichtig das häufige Wiederholen neu gelernter Inhalte war.

Indem sie ihr Wissen auf diese einfache Weise mit anderen teilte, sparte sie viel Zeit und machte sich selbst das Leben leichter.

Es dauerte nicht lange, bis andere Eltern in ihrer Nachbarschaft Minuten-Eltern geworden waren. Und auch sie gaben ihr Wissen an andere weiter.

Viele Familien lebten nun glücklicher, und sogar die Nachbarschaft war aufgeschlossener.

Als die Minuten-Mutter über all diese Entwicklungen nachdachte, wurde ihr bewußt, wie viele Vorteile sie für sich selbst daraus gewonnen hatte. Sie hatte gelernt, wie sie mit weniger Zeitaufwand bessere Ergebnisse erzielen kann und hatte damit einen großen Gefallen getan.

Sie hatte mehr Zeit, über ihre Aufgaben nachzudenken und Pläne zu machen, mehr Zeit für ihre Familie.

Sie hatte Zeit, sich körperlich fit und gesund zu halten. Sie litt nicht unter seelisch-körperlichem Streß, der vielen anderen Müttern zu schaffen machte.

Und sie wußte, daß viele andere Eltern in den Genuß all dieser Vorteile gekommen waren.

Sie hatte selbstverständlich auch ihrem Mann die Methoden des Minuten-Systems beigebracht. So konnten sie sich gegenseitig bei der Erziehung ihrer

Kinder unterstützen. Sie gingen sogar noch weiter und setzten ihr neues Wissen erfolgreich in ihrer Partnerschaft ein.

Ihre Kinder entwickelten ein gesundes Selbstwertgefühl und eigneten sich aus eigenem Antrieb positive Verhaltensweisen an.

Es gab nicht mehr die Disziplinprobleme, mit denen viele andere Familien noch immer kämpften. Ja, die Familie wurde eine wirklich glückliche Familie.

Tief in Gedanken versunken ging sie nach draußen und spazierte im Garten auf und ab. Sie fühlte sich gut – als Mensch und als Mutter. Es hatte sich gelohnt, eine neue Erziehungsmethode zu lernen, auch wenn es anfangs sehr ungewohnt war. Als sie beim Tennisspielen eine neue Schlagtechnik gelernt hatte, war ihr das ebenfalls sehr ungewohnt vorgekommen. Doch auch dieses Gefühl verschwand, als sie die neue Technik lange genug geübt hatte.

Inzwischen hatte sich längst ihr Einsatz für ihre Familie und die Mühe, alte Gewohnheiten aufzugeben, ausgezahlt. Ihr Lohn waren die Liebe und Wertschätzung, die ihr jedes Familienmitglied entgegenbrachte.

Ihre selbstbewußten, fröhlichen Kinder waren der beste Beweis, daß sie es geschafft hatte, eine gute Mutter zu sein. Das Wichtigste dabei: Sie war mit sich selbst zufrieden.

Ein Geschenk für andere

Plötzlich hörte sie die Stimme ihres inzwischen erwachsenen Sohnes, der zu Besuch da war. Er rief durch ein offenes Fenster: »Entschuldige, daß ich dich störe, Mutter. Am Telefon ist gerade ein junger Mann, der gern hierher kommen möchte, um mit dir darüber zu sprechen, wie du deine Kinder erzogen hast.«

Die neue Minuten-Mutter freute sich darüber. Sie wußte, daß immer mehr Väter sich für die Erziehung ihrer Kinder und das Wohlergehen ihrer Familien engagierten und daß manche genauso wißbegierig waren wie sie damals, als sie begonnen hatte, die Minuten-Erziehung kennenzulernen und anzuwenden.

Sie waren eine lebensfrohe und glückliche Familie. Sie hatten viel Spaß miteinander, und die positive Atmosphäre war ansteckend für andere, mit denen sie zusammenkamen. Es war ein schönes Gefühl, in dieser Position zu sein.

»Sie können jederzeit kommen«, sagte sie dem jungen Mann am Telefon.

Kurze Zeit später sprachen sie und ihr Mann mit einem interessierten jungen Vater. »Wir freuen uns, unser Wissen an Sie weitergeben zu können«, sagte die neue Minuten-Mutter, als sie den Besucher ins Wohnzimmer führte. »Doch um eines möchten wir Sie bitten.«

»Und das wäre?« fragte der Besucher.

*

Geben Sie es an andere weiter.

*

Dank

Im Laufe der Jahre habe ich von den unterschiedlichsten Menschen sehr vieles gelernt. An dieser Stelle möchte ich folgenden meinen Dank aussprechen:

Dr. Gerald Nelson, der das Konzept des 1Minuten-Tadels entwickelte. Er brachte mir den Unterschied zwischen inneren Werten und äußerem Verhalten bei.

Dr. Kenneth Blanchard, der mir zeigte, welcher Zusammenhang zwischen Humor und Erfolg besteht.

Dr. Dorothy Briggs, die mir das Selbstwertgefühl des Kindes erläuterte und näherbrachte.

Superintendentin Midge Carroll, die mir Einblick in die Realität der Kindsmißhandlung sowie der kriminellen Gewalt gab.

Dr. Thomas Connellan, der mich die tiefgreifende Wirkung von Lob und positiver Bekräftigung lehrte.

Dr. Charles McCormick, der mir erklärte, wie wichtig in der Erziehung der Körperkontakt, das gegenseitige Berühren, ist.

Dr. Kenneth Majer: Er machte mir bewußt, welch hohen Stellenwert Zielsetzungen haben und welch entscheidende Aufgabe ihnen zufällt.

Earl Nightingale, der mit mir über das größte Geheimnis der Welt gesprochen hat.

Dr. Carl Rogers für seine Lehren über Ehrlichkeit und Offenheit.

Über den Autor

Dr. Spencer Johnson ist Vorsitzender der Candle Communications Corporation, hält Vorträge, arbeitet als Kommunikations- und Lebensberater und hilft so seinen Klienten, ihren Streß zu reduzieren und durch bessere zwischenmenschliche Verständigung mehr Erfolg im Leben zu haben.

1977, lange bevor er zusammen mit Kenneth Blanchard, Ph. D., den Bestseller »Der 1Minuten-Manager« schrieb, benutzte Dr. Johnson seine inzwischen berühmt gewordene dreiteilige Erziehungsmethode, um seinen eigenen Kindern durch eine bewußte Erziehung ein positives Selbstbild zu vermitteln.

In den folgenden Jahren verwendete er viel Zeit auf Gespräche mit anderen Eltern, die mit dem gleichen Erfolg wie er lernten, seine Erziehungsmethode anzuwenden. Viele ihrer praktischen Ratschläge wurden in das vorliegende Buch aufgenommen.

Dr. Johnson ist Verfasser von mehr als einem Dutzend Büchern über Medizin und Psychologie und einer besonderen Kinderbuchserie, von der inzwischen mehr als vier Millionen Exemplare verkauft wurden.

Dr. Johnson erwarb sein Diplom als Psychologe an der University of Southern California, den Doktor der Medizin am Royal College of Surgeons in Irland und seine Facharztausbildung an der Harvard Medical School, dem Los Angeles Children's Hospital sowie der Mayo Clinic.

Er war tätig als Berater des Center for the Study of the Person, Human Dimensions in Medicine Program und für das Office of Continuing Education an der medizinischen Fakultät der University of California in La Jolla.